CANTAR LA HISTORIA

JAVI ALONSO

CANTAR LA HISTORIA

CÓMO LOS MUSICALES NOS EXPLICAN LA
HISTORIA DE LOS ÚLTIMOS 100 AÑOS

PAIDÓS Contextos

1.ª edición, noviembre de 2025

© Javier Alonso Salvador, 2025
© de las ilustraciones, Ed Carosia, 2025
© de todas las ediciones en castellano,
Editorial Planeta, S. A., 2025
Paidós es un sello editorial de Editorial Planeta, S. A.
Avda. Diagonal, 662-664
08034 Barcelona, España
www.paidos.com
www.planetadelibros.com

ISBN: 978-84-493-4464-0
Fotocomposición: Realización Planeta
Depósito legal: B. 19.223-2025
Impresión y encuadernación en Limpergraf

Impreso en España – Printed in Spain

PEFC Certificado
Este libro procede de
bosques gestionados
de forma sostenible
PEFC
PEFC/14-38-00305   www.pefc.es

Anything you do,
let it come from you,
then it will be new.

Sunday in the Park with George

SUMARIO

OBERTURA

Curtain up! Light the lights! Play it boys!*

Gypsy

Estas tres órdenes son capaces de abrir mundos nuevos. Son una declaración de intenciones: algo va a suceder. Algo que merece ser visto, iluminado, cantado y tocado en directo por un grupo de personas. Nuestra aventura comienza en el momento en el que se encienden las luces, suena el crujido de las poleas que elevan el telón y las posibilidades son infinitas.

Este libro pretende trazar una historia cultural y social de las últimas nueve décadas a través de cómo se han plasmado grandes acontecimientos sociales, de forma consciente o inconsciente, en los musicales. Todas las obras artísticas son hijas de su tiempo, porque no surgen por combustión espontánea, las crean personas con sesgos y experiencias concretas dentro de un contexto particular. Las historias que se consideran merecedoras de ser contadas y cómo se llevan a escena nos hablan, si leemos en-

---

* «¡Arriba la cortina! ¡Encended las luces! ¡Tocadlo, chicos!».

tre líneas, del momento histórico de su creación. Existe poca literatura que analice este aspecto del teatro musical: su intersección con disciplinas humanísticas como la sociología, la historia, la política, la economía o la antropología. Otras especialidades artísticas sí han recibido este tratamiento: existen decenas de textos sobre historia sociocultural de la pintura, la ópera, la literatura, el cine o el teatro de texto, y el teatro musical merece espacio en ese canon. Me parece particularmente llamativa esta escasez teniendo en cuenta que el teatro musical es un cómputo de muchísimas artes, un punto de encuentro entre la prosa, la poesía, la música, el canto, la danza, la arquitectura, el diseño... No obstante, es mucho más que una mera suma de disciplinas: es un lenguaje estético legítimo con voz propia, capaz de articular mensajes que quizá en otros formatos quedarían a medias tintas.

En estas páginas encontrarás una reivindicación tanto personal como colectiva de un arte que no tiende a tomarse tan en serio, particularmente en España, donde mucha gente sigue conceptualizándolo como algo placentero pero insustancial, un plan de sábado noche que te compras en un *pack* junto a una cena en un restaurante de franquicia. El teatro musical *puede* ser un entretenimiento ligero y escapista, lo cual también tiene su lugar y su mérito, pero no lo es exclusivamente. Puede ser cualquier cosa porque es más un formato que un género. Un formato es un molde estructural que puede albergar contenidos muy diversos y adaptarse a diferentes contextos.[1] La palabra *musical* indica que habrá una fusión de tres bloques artísticos principales (texto dramático, música y coreografía), pero estas obras no tienen un universo temático o tonal limitado. Por lo tanto, bajo el paraguas de *musical* existen obras cómicas, trágicas o de terror, con instrumentación mínima o con grandes orquestas, que cuentan historias reales o fantasiosas, que se basan en obras clásicas o son comple-

tamente independientes, políticamente anodinas o revoluciona-
rias, en francés o en hindi, íntimas o épicas...

Conviene que me presente; un poco maleducado por mi parte
no haberlo hecho antes, perdón. Soy Javi y seré tu narrador por
este viaje, un mediador entre las señales que contienen los musicales y tu curiosidad humanística; una especie de traductor cultural. Llevo más de diez años completamente zambullido en este
repertorio, trabajando cara al público para costearme vuelos baratos a Londres específicamente para ver musicales; escuchando
todo tipo de *cast recordings*[2] en el metro, el gimnasio o la cocina,
y acudiendo a estas canciones para celebrar, rememorar, hundir-
me, consolarme, reírme o autoengañarme. Los personajes de los
musicales cantan cuando la palabra hablada se queda corta para
expresar de forma proporcional lo que sienten, y como persona a
la que se ha etiquetado frecuentemente como «demasiado», por
ser intenso y sensible, esta forma de expresar me parece tan evidente como reconfortante. A veces no hay suficientes palabras
para explicarle a alguien el daño que te ha hecho, o la paz que
sientes en la naturaleza, o lo mucho que echas de menos una época de tu vida, o los nervios que tienes antes de una primera cita o
cuánto aprecias estar vivo. Pero sí existen canciones que pueden
expresar esto de la forma más extrema, más minuciosa y más poética... y están todas en los musicales. Escribo esto mirándome el
antebrazo, donde tengo un tatuaje amarillo que emula la silueta
de un *playbill*,[3] y me emociono. Este libro tiene mi voz, mis preocupaciones, mis referencias y mi cosmovisión, pero no está basado en mis preferencias. No he escogido las obras que más me interpelan personalmente o las que más obsesivamente he visto,
sino las más útiles y más fascinantes para generar esta línea del
tiempo de historia cantada.

Esta cronología es una invitación a acercarse al teatro musical de la misma manera en que nos enfrentamos a cualquier fenómeno complejo: con curiosidad intelectual y apertura emocional. Nos han hecho creer que el análisis crítico está reñido con la emoción, pero se pueden dar la mano y ser complementarios. Este libro contiene herramientas, conceptos y referencias socioculturales que aclaran aspectos técnicos, históricos o simbólicos de los musicales, para así demostrar que es posible adentrarse en el «cómo» y el «por qué» de una obra sin perder la capacidad de dejarse llevar emocionalmente. Entender el andamiaje, la carpintería interna de una obra, nos puede ayudar a reconocer su mérito emocional con más claridad.

El cuerpo de este libro consiste en nueve ensayos, cada uno dedicado a un musical diferente, que en conjunto trazan un viaje que nos llevará desde 1945 hasta 2020. Los musicales, en el sentido en que los entendemos actualmente —«Un espectáculo teatral en el que texto, música y movimiento funcionan de manera simbiótica para contar una historia»—,[4] son un fenómeno relativamente reciente. El primero que cumple estas características al dedillo y supone el pistoletazo de salida de esta nueva forma teatral es el fantástico *Oklahoma!*, estrenado en 1943. Existen obras previas, como *Show Boat* (1927) o literalmente todo el repertorio de opereta y zarzuela, que anticipan algunas de las características que definirán al teatro musical estadounidense, pero el libro tenía que empezar por algún sitio y tener límites claros. He escogido una obra de cada una de esas décadas que considero claramente hija de su tiempo, sea porque habla directamente de un cambio social que estaba sucediendo, porque tuvo un impacto tangible fuera del mundillo del teatro o quizá porque su formato cuadraba exactamente con lo que el público deseaba y la tecnología permitía. Ahora, sé que este criterio es subjetivo, no hay una forma completamente certera e inequívoca de dilucidar cuál es el musical más *representativo* de una época o el que mejor la condensa. Me he frito el cerebro barajando decenas de posibilidades para cada década y creo que esta selección final es bastante deliciosa y genera una línea temporal coherente, diversa y reconocible. Me he asegurado de que no haga falta haber visto las obras para entender los ensayos, pero, si tienes la capacidad, el tiempo y la curiosidad, te lo recomendaría, creo que podría ayudarte a profundizar en la lectura.

Siete de los nueve musicales son estadounidenses, lo cual tiene sentido porque el teatro musical es un formato original y eminentemente estadounidense, y como país le ha servido para comunicar sus peculiaridades y preocupaciones. Por lo tanto, este libro se centra principalmente en esa loquita nación y algunos aspectos de su historia, si bien la mayoría de los conceptos que manejo son universales y aplicables en cualquier sitio, sean las masculinidades, el racismo, la propaganda política, el feminismo, el capitalismo cultural o el reclamo de la memoria histórica. Además, el último del que hablo es una obra bilingüe en catalán y castellano, como recordatorio de que el formato del teatro musical puede servir para tratar temas complejos independientemente de la geografía o el contexto cultural.

Te invito a que me acompañes de manera activa durante la lectura de estos capítulos, igual que lo harías en una representación teatral. Estos ensayos buscan generar un espacio de complicidad, donde el pensamiento y la emoción dialoguen, pero también donde tú y yo podamos entendernos un poco mejor, tanto mutua como internamente. Propongo muchas ideas y creo haberlas fundamentado de manera sólida, pero me encantaría que sacaras tus propias conclusiones, que me rebatieras, que pensaras de manera crítica lo que estoy presentando y leyeras entre líneas. Espero aportarte herramientas para que la próxima vez que veas un musical observes de manera más amplia, se te alumbre un detallito del texto que quizá te hubiera pasado desapercibido o comprendas algo del contexto histórico en el que se escribió mediante los giros que va tomando su trama. Espero que este libro te sorprenda, te emocione, te desafíe, te intrigue, te perturbe, te maraville o te cabree, pero que no te deje indiferente.

CAPÍTULO 1

CAROUSEL

LA FERIA DE LA MASCULINIDAD DESTRUCTIVA

You can have fun with a son but you gotta be a father to a girl.*

Eso canta Billy Bigelow, el protagonista de *Carousel*, tras darse cuenta de que el bebé que espera con su mujer podría ser una niña y no un niño, como había dado por sentado sin darle muchas vueltas. Esta revelación, que sucede en medio de un soliloquio-canción de ocho minutos, cambia su trayectoria vital, pues lo catapulta a cometer un crimen que desencadenará toda una serie de tragedias. El sexo ambiguo de un feto nonato es suficiente para romperle y admitirse finalmente que es un fracasado y un vago. *Carousel* es una meditación sobre las masculinidades, las presiones de los hombres en la posguerra, la violencia intrafamiliar y también sobre el poder redentor que tiene ver a tu hija bailar ballet después de tu muerte junto a un funcionario celestial. Algo que nos ha pasado a todos.

* «Puedes divertirte con un hijo, pero tienes que ser un padre para una niña».

Gestado durante la Segunda Guerra Mundial (1939-1945) y estrenado en Broadway justo al final de esta, el 19 de abril de 1945, *Carousel* muestra de forma simple pero extremadamente profunda las ansiedades de su época, en particular la crisis de roles de género provocada por la guerra. El ocaso del conflicto conllevó la vuelta de millones de hombres a sus casas, donde esperaban retomar su rol como proveedores, pero muchos de ellos regresaron agotados, traumatizados o violentos. Por su parte, las mujeres, que habían asumido los trabajos vacantes de los hombres al irse al frente, ahora sentían la presión de volver al hogar, como si no hubieran probado el dulce sabor de la independencia económica y la autosuficiencia. Este choque de expectativas, esta reorganización del trabajo tras un evento traumático internacional, este espacio gris en los roles de género es tierra fértil para la creación artística... y dos leyendas supieron verlo. *Carousel* fue el segundo musical del icónico dúo formado por el compositor Richard Rodgers y el libretista y letrista Oscar Hammerstein II, tras el pedazo de éxito que fue en 1943 su primer musical juntos, *Oklahoma!*, con el cual literalmente establecieron las bases de lo que entendemos hoy por un musical, el mero concepto del *book musical*.[1] Este es el nombre técnico que se le da a las obras en las que el libreto, las canciones y la coreografía se unen para contar una historia continua y homogénea. Los números musicales surgen de la acción dramática: cuando las palabras se quedan cortas para expresar un gran sentimiento, se canta. Cuando cantar no es suficiente, se baila. Cada canción, además de insertarnos dentro de la identidad musical de la obra, sirve para avanzar la trama o descubrirnos algo relevante dramáticamente sobre un personaje, como sus sueños, sus miedos, sus frustraciones... Esto quizá nos parece evidente ahora porque es el formato estándar que conocemos, pero antes de Rodgers y Hammerstein[2] lo más popular en

Broadway eran los espectáculos en los que el argumento se contaba principalmente con los diálogos. En la parte musical, se presentaban una serie de números inconexos que buscaban principalmente el entretenimiento (un objetivo muy lícito, ojo), sin una homogeneidad entre lo que se cantaba y se contaba. Los números de danza solían servir para que alguien se luciera y las canciones podían tener que ver con lo que estaba pasando en la trama o no.

En *Oklahoma!* ya hay una integración absoluta de todos los elementos, se canta para ayudar a contar, no solo para entretener, y la danza es narrativa y surge del contexto dramático. Rodgers y Hammerstein se sintieron intimidados ante las expectativas que habría respecto a su segunda creación tras este éxito y esta revolución del teatro. Existe un mito en las disciplinas creativas conocido como el *sophomore slump* (traducido más o menos como el «declive del segundo proyecto»), que defiende que la segunda obra de un artista tras un debut exitoso suele ser de menor calidad y tener menos éxito, debido a la presión de superar ese primer triunfo y además con velocidad. Ellos no solo no cayeron presa en las garras de esta maldición, sino que regalaron al mundo uno de los mejores musicales de la historia en la forma de un tiovivo. Esto no es solamente mi opinión, la revista *TIME* en 1999 lo nombró el mejor musical de todo el siglo XX, por su ambición y su profundidad.[3] ¿Dónde está la mentira? Yo no la veo.

La apabullante cantidad y complejidad de la trama de este musical se debe a que está basado libremente en la obra de teatro de 1909 *Liliom*, del húngaro Ferenc Molnár. Giacomo Puccini ya había intentado con todas sus fuerzas que Molnár le vendiera los derechos para convertirla en una ópera, a lo cual se negó porque le daba miedo que la grandeza y el melodrama del estilo pucciniano eclipsaran los matices de los personajes y el realismo emocional de la trama. No obstante, tras ver una producción de *Oklahoma!*,

Molnár aceptó que nuestros musicaleros de confianza la adaptaran, porque se fio de que le harían justicia. Bien visto. El dúo trasladó la ubicación del Budapest original a un pueblo costero del noreste de Estados Unidos en 1873 y adaptaron bastante la trama con el objetivo de explorar conflictos interpersonales sorprendentemente oscuros para ser una obra de la Era Dorada.[4] Hammerstein mantuvo los aspectos más ásperos de la trama (un protagonista joven, violento y fracasado que toma decisiones fatídicas por la desesperación económica), pero suavizó el final para ofrecer al público de Broadway un pequeño atisbo de esperanza en esa época tan rara, con una canción que genuinamente podría sustituir a todos los himnos nacionales: *You'll Never Walk Alone.** *Carousel* es una anomalía en el canon por una razón muy importante y muy personal: el viaje interno del protagonista masculino me parece mucho más interesante de analizar que el de las mujeres... Pide un deseo porque no va a volver a pasar en todo el libro.

Billy Bigelow, el antihéroe de este tiovivo, personifica las tensiones de la masculinidad de la época de final de guerra, en la que todavía no se tenía claro qué iba a pasar con el país o cuál iba a ser el rol de los hombres dentro de él. La obra se estrenó solamente once días antes del suicidio de Adolf Hitler y diecinueve antes del Día de la Victoria en Europa, en el que los Aliados (Estados Unidos, Reino Unido, Unión Soviética y Francia) aceptaron la rendición incondicional de la Alemania nazi. Esto supuso que entre mayo y septiembre de 1945 se repatriaran nada más y nada menos que 1.417.850 soldados estadounidense desde Europa.[5] La resonancia de esta obra con el público no solo tiene que ver con que sea magistral, sino que estaba metiendo el dedo en la llaga de una incertidumbre nacional a la vez que ofrecía un rayito de optimismo.

---

* «Nunca caminarás solo» (o sola, *alone* no tiene género).

El musical comienza con el despido de Billy del tiovivo de feria donde trabaja como *barker*, un puesto que, aunque no tiene traducción exacta, consiste en captar al público para que venga a la atracción, una mezcla entre un pregonero y un relaciones públicas. Su jefa le da un toque de atención por ignorar su trabajo para ligar con la joven Julie Jordan y él, en un arrebato temerario, decide chulearse ante ella para impresionar a Julie, lo cual le cuesta su trabajo. Al no tener ninguna otra habilidad más que su carisma o ganas de aceptar un trabajo que considere inferior a él (como pescador o marinero), este despido semivoluntario supone el pistoletazo de salida de un ciclo de autodesprecio y autodestrucción.

En su mentalidad, ser un «hombre de verdad» conlleva ser fuerte físicamente, estoico emocionalmente y autosuficiente económicamente, evitando a toda costa acercarse a la feminidad en ninguna de sus vertientes para no parecer débil. Esto no es invención suya, son exactamente los parámetros de la masculinidad hegemónica: el modelo cultural dominante que dicta cómo debe ser un hombre para ser respetado como tal. Según este patrón occidental, el hombre ideal es físicamente fuerte, racional, autosuficiente, proveedor económico y capaz de imponerse tanto sobre las mujeres como sobre otros hombres. No es que al asignarte hombre al nacer te hagan esta lista y te la den para que te la leas todas las noches como el padrenuestro, pero implícitamente se nos condiciona para ello. El sociólogo estadounidense especializado en masculinidades Michael Kimmel[6] (1951) ha demostrado que tras la Segunda Guerra Mundial se revalorizó la figura del hombre proveedor, esposo y padre distante emocionalmente cuyo rol se basa en el trabajo y no en los cuidados. Este modelo generó una gran ansiedad en los hombres que, por la razón que fuera, no eran capaces de alcanzar ese ideal en un momento de tan grandes cambios políticos, económicos y sociales. Billy encarna ese conflicto: ha interiorizado la noción de que un «verdadero hombre» debe ser el sostén económico de su familia y mantener siempre la apariencia de dureza, pero las circunstancias lo empujan a sentirse fracasado e impotente, y esto le impide salir del bucle. Y es que la masculinidad hegemónica es un arma de doble filo capaz de causar un gran sufrimiento a los hombres, algo que Billy descubrirá al cometer un crimen en un acto de desesperación. Pero no me adelanto.

Vemos desde el principio en él una máscara muy tosca de impenetrabilidad emocional: fanfarronea de que le da todo igual. Sin embargo, cuando baja la guardia hay sensibilidad, hay tristeza, hay hasta nihilismo. En uno de los diálogos de la preciosa escena del banco *If I Loved You*,* en la que Julie y él elucubran sobre cómo sería su vida si se quisieran, por miedo a confesarse que efectivamente se gustan, dice: «No somos importantes. ¿Qué somos? Un par de motas de nada».† Este tonteo recatado y modesto (estamos en 1954, todavía el público no estaba preparado para una mínima o sutil alusión al sexo), acaba con él diciendo: «No soy un chaval de los que se casan, incluso si una chica fuese lo suficientemente estúpida para quererme, no lo haría».‡ Estas dos frases son clave, vemos a través de su barniz su inseguridad y el miedo a no estar a la altura. Además, él es consciente de que casarse es una mala idea, ya que literalmente su única habilidad monetizable y lo que se le da bien es ser carismático y ligón.

Gran parte del trabajo de un *barker* consiste en proyectar una imagen de mozo disponible, para que las muchachas de la feria sientan que genuinamente está ligando con ellas y no intentando

---

* «Si te quisiera».
† *We ain't important. What are we? A couple of specks of nothin.*
‡ *I'm not a feller to marry anybody. Even if a girl was foolish enough to want me to, I wouldn't.*

conseguir su dinero. Trabajar en ese tiovivo es como estar en una *boyband* pero a escala pequeña: se tiene que mantener una imagen de soltería para que las fans conserven la fe en el espejismo de un romance futuro con su miembro favorito, y así engancharlas al bucle de gastar dinero en conciertos, música y *merchandising*. Lo digo en femenino porque es un fenómeno altamente heteronormativo y feminizado. De hecho, las *boybands* (como One Direction, Backstreet Boys o BTS) tienden a obligar por contrato a sus miembros a ocultar sus relaciones de cara al público, y en caso de ser gays, a enterrarlo, como le pasó a Lance Bass de 'N Sync.[7]

Volvamos a Billy, que, al igual que muchos pequeños hombres en este mundo, una de las formas que tiene de expresar su crisis de masculinidad es, por desgracia, la violencia. Tras un tiempo indeterminado, nos enteramos de que Julie y Billy se han casado. Ella ha perdido su trabajo en el molino (en gran parte por su cercanía a él) y él sigue sin trabajo, por lo tanto, sin poder asumir su rol de proveedor. Ahora viven con la prima de ella, Nettie, lo cual supone una capa de humillación más para él. En una conversación que Julie mantiene con su amiga Carrie Pipperidge, confiesa que el otro día Billy le pegó. Inmediatamente le resta importancia, diciendo que no le dolió y que él está triste porque no está trabajando; de alguna forma «justifica» sus acciones.

Abro un paréntesis importante: quien lo justifica es el personaje de Julie, no la obra. Mostrar una realidad en escena no es defenderla o romantizarla. Hablar de un tema no significa apoyarlo. ¿Tú te crees que los griegos iban a ver *Medea* y decían: «Ay, es verdad, tengo que matar a mis hijos, es buenísima idea»? Varias producciones de *Carousel*, en un intento de «suavizar» o hacer la obra más «contemporánea» o «políticamente correcta», recortan canciones o partes del texto. ¿Estamos tontos? ¿Creemos que, por no ver algo en el escenario, deja de existir? ¿No es el teatro precisamente el lugar para gestionar y reflexionar sobre las partes complicadas y sucias del ser humano? Nadie iría a ver una obra en la que no hay ningún conflicto y todo el mundo es feliz. Tú como público tienes que traer tu empatía y tu brújula moral calibradas de casa para entender que Julie acaba así por estar en una situación precaria y triste. Prosigamos.

Abandonarle, a lo cual la incitan todas las mujeres a su alrededor, significaría tener que reconstruir de cero su vida y, en el contexto de un pequeño pueblo pesquero en 1873, sería casi imposible. Además, ella, desde la escena del banco, ha sido capaz de ver su sensibilidad a través de su coraza de macho, por lo que mantiene la esperanza de que eso algún día pese más en la balanza. Su balada *What's the Use of Wond'rin'?*,* que defiende su modelo de amor sumiso, en el que hay que acatar lo que quiere el hombre y apoyarle incluso cuando lo que hace es moralmente reprochable, puede resultar muy chocante desde una perspectiva contemporánea. Pero hay que pensar en el contexto en el que se estrenó: en 1954, la canción podía leerse como una muestra de fortaleza silenciosa. Julie reconoce los defectos de Billy pero decide amarlo «pese a todo», algo que muchas mujeres de veteranos recién llegados de la guerra sentirían como propio. Esto sigue sucediendo a día de hoy: muchas víctimas de violencia machista se ven tan encerradas en la situación que acaban justificándola.[8]

En este contexto de tristeza intramatrimonial suceden dos hechos clave. Por un lado Jigger Craigin, amigo de Billy también desempleado, decide aprovecharse de la inseguridad de este para que le ayude a cometer un crimen: planea robar al señor Bascombe (irónicamente, el exjefe de Julie) dentro de unos días, cuando esté transportando una gran suma de dinero a un barco. Billy se

* «¿De qué sirve imaginar?».

niega cuando su amigo le dice que quizá haya que matarlo en caso de que muestre resistencia. Pero Jigger le toca la fibra más sensible: no está proveyendo a su familia y esta es una forma rápida y «fácil» de conseguir dinero. Si no acepta, está siendo un hombre inferior, un fracaso. Ni eso funciona para convencerle. Pero... *pum*, después de esta interacción, sucede algo transformador: Julie le cuenta a Billy que está embarazada, lo cual lo catapulta a cantar *Soliloquy*,* una de las canciones más largas, fascinantes y complejas dramáticamente de la historia del teatro musical. Personalmente es quizá mi favorita del repertorio, una miniópera durante la cual me pregunto qué hubiera hecho Puccini con este material. Con todo el cariño a mi Giacomo, creo que esta letra y esta música son insuperables.

Sus ocho minutos comienzan con un tentativo: «Me pregunto qué pensará de mí [...]. Apuesto a que se convertirá en la viva imagen de su padre».† Billy decide rápido que su hijo se llamará como él, lo cual subconscientemente le hace proyectar en su tocayo nonato todas las cualidades que él no posee y le generan inseguridad. En un intento obtuso de redimir sus fallos y carencias como persona, pretende criar a otro hombre que sí sea «de provecho», por lo que procede a enumerar las aptitudes que tendrá. Como si pudiera moldearle a su gusto, como un padre Pigmalión. Primero se imagina su robustez física y el comportamiento que tendrá, derivado precisamente de ella: «Será alto y duro como un árbol [...]. No verás a nadie atreverse a intentar mandarle o zarandearle».‡ Después, se imagina qué profesión

---

* «Soliloquio».

† *I wonder what he'll think of me* [...]. *I bet that he'll turn out to be the spittin' image of his dad.*

‡ *He'll be tall and tough as a tree* [...]. *And you won't see nobody dare to try to boss or toss him around!*

tendrá, y baraja muchas posibilidades, pero asegura que le parecerá bien cualquier cosa que le apasione, aunque casi todo lo que enumera son trabajos altamente masculinizados que conllevan fuerza física, como capitán de un barco de vela o campeón de halterofilia. Por último, dice: «Estoy jodido si se casa con la hija de su jefe, una virgen con labios finos y sangre como el agua, que le dará un pico y lo llamará un beso».* Duras declaraciones. Por un lado, misógino, pero eso ya lo sabíamos. Lo más curioso es que sea una de sus poquitas declaraciones explícitas de su desdén por la clase alta, algo que ancla todo su arco como proletario. Además, dice que le puede dar muchos consejos útiles sobre cómo engatusar a cualquier chica, entendiendo también que el hombre exitoso es el que puede ligar con cualquiera. Que estos tres elementos (fuerza física, trabajo lucrativo y un gran abanico de opciones sexuales) sean lo primero que se imagina de un niño que ni existe todavía nos demuestra cuáles son los parámetros de éxito para un hombre según él. En este punto de la trama, él mismo no cumple ninguno, por lo que entendemos que está hablando desde la inseguridad y la desesperación por redimir su masculinidad de alguna forma.

Hasta ahora, la canción ha sido muy vivaracha, con un tono optimista y asertivo, en algunas partes casi como una marcha militar. Pero todo cambia cuando se da cuenta de que el bebé que esperan podría ser una niña: «¿Qué pasaría si él... es una chica? [...]. ¿Qué haría yo con ella? ¿Qué podría hacer yo para ella? Un holgazán sin dinero».† La música cambia, ahora es incierta e introspectiva, con una orquestación más ligera, dejando más espa-

* *And I'm damned if he'll marry his boss' daughter, s skinny-lipped virgin with blood like water who'll give him a peck and call it a kiss.*

† *What if he... is a girl? [...]. What would I do with her? What could I do for here? A bum with no money!*

cio para que respiren estas palabras que le surgen de un lugar re-
cóndito. Como decía en la cita introductoria, según Billy, un hijo
varón sería como un amigo con quien compartir juegos y orgullo,
mientras que criar a una niña le impone una responsabilidad pe-
sada, una obligación de protección. Es curioso porque lo primero
sobre lo que elucubra acerca de ella es también su aspecto físico,
pero en este caso la proyecta como pequeña, tierna, «rosa y blanca como melocotón con crema»,* la imagen de la inocencia. Casi
inmediatamente tiene otra revelación que aumenta la urgencia, el
tempo y la densidad de la orquestación: si no gana dinero, esta
niña pasará hambre. Bravo, Sherlock. Además, declara —y este es
quizá el verso más importante—: «Tengo que asegurarme de que
no será arrastrada a la marginalidad por algún holgazán como
yo».† Esta frase es un pequeño universo. Siente que ya es tarde
para arreglar su vida o su comportamiento, pero no para cortar
ese legado y no permitir que su hija acabe igual que su madre:
casada con un fracasado. Llegamos al clímax de la pieza cuando
casi grita: «Nunca supe cómo conseguir dinero, pero juro a Dios
que lo intentaré. Saldré a ganarlo o robarlo o tomarlo... o morir».‡
La última palabra de esta pieza es un presagio.

   Es bastante profundo que sea la ambigüedad del género de su
feto lo que le haga por fin expresar en alto la frustración, insatisfacción consigo mismo y profunda tristeza que lleva ocultando
toda la obra y, aparentemente, toda su vida. En esta pieza no hay
coro y no hay intervenciones de otros personajes: Billy canta
completamente solo durante unos ocho minutos, dependiendo

---

* *Pink and white as peaches and cream is she.*

† *I got to make certain that she won't be dragged up in slums with a lot o'
bums like me!*

‡ *I never knew how to get money, but I'll try by God! I'll try! I'll go out and
make it or steal it or take it or die!*

del tempo elegido. Es un soliloquio en el sentido tradicional; es decir, una pieza en la que un personaje piensa en alto como si nadie le estuviera escuchando. Esto es sumamente raro en teatro musical, una duración tan larga se suele reservar para piezas corales que presentan mundos o muestran lo que están haciendo o pensando muchos personajes a la vez, como el prólogo de *Into the Woods* o el *Cell Block Tango* de *Chicago*. Un soliloquio, por definición, te para la narrativa, no se puede avanzar la trama con un personaje simplemente pensando en voz alta, pero tiene otra función: explorar el mundo interior del personaje. Este está tan bien escrito y compuesto que da igual que no avance la trama hasta sus últimos versos, en los cuales toma su decisión fatal: ayudará a Jigger a robarle el dinero al señor Bascombe, porque ahora sí siente urgencia económica. Por su posible hija. Ni por Julie, ni por sí mismo ni por su posible hijo.

Contra esta turbulencia que encarna Billy y a cuya trama volveré después, tenemos el contrapunto perfecto: Enoch Snow, el marido de Carrie, la mejor amiga de Julie. Desde su presentación en la lírica y deliciosa canción *Mister Snow* es descrito como el hombre opuesto: tiene un trabajo físico como pescador, es muy romántico y ligeramente pasivo e inocente en sus interacciones con otros hombres. Su vínculo tranquilo, firme y maduro con Carrie sirve precisamente para resaltar los aspectos turbulentos, tristes y violentos del de Billy y Julie. En su primera intervención cantada, *When the Children Are Asleep*,* demuestra ser un hombre trabajador, tierno y paciente, que pretende crear una flota de barcos pesqueros poquito a poco, reinvirtiendo el dinero que vaya ganando con su pequeño barco. A diferencia de Billy, Enoch abraza con entusiasmo su rol de proveedor tradicional: está orgu-

---

* *Mientras los niños duermen.*

lloso de trabajar duro, ahorrar e imaginar el hogar feliz que formará con Carrie. Ella también se siente cómoda dentro de la división de roles de género tradicional: será ama de casa, madre y apoyará a su marido felizmente. Enoch no solo acepta las normas sociales y las expectativas masculinas, sino que es capaz de hacerse un hueco dentro de ellas y prosperar, evitando así tener los mismos conflictos que nuestro protagonista. Vivir bajo esos parámetros puede ser aburrido, impersonal o limitante, pero intentar salirse de ellos resulta muy alienante y doloroso, exactamente lo que le pasa a Billy.

Él es verdugo, víctima y rehén. Es paradójico que, aunque los hombres poseen privilegios y facilidades derivadas del sistema patriarcal, es este mismo sistema el que les genera dolor y costes emocionales. El ideal masculino es un arma de doble filo sea ahora mismo, en el 1873 diegético[9] de la obra o en el 1954 de su estreno, porque genera una presión enorme para cumplir un ideal inalcanzable, estancando a muchos hombres en un ciclo de autoexigencia que puede ser paralizante y doloroso. Sin embargo, si eres el tipo de hombre capaz de adaptarte al sistema, tus sueños se pueden cumplir. En el segundo acto vemos a Enoch convertido en un próspero y respetado hombre de negocios y padre de nueve churumbeles, mientras que Billy tiene literalmente un viaje astral lleno de *ballet* y estrellas robadas del cielo.

Después de *Soliloquy*, Billy acepta el plan criminal de su amigo: le ayudará a robar al señor Bascombe. Pero tomará otra decisión estúpida: antes de ir a cometer el crimen, apuestan a las cartas el dinero que *aún* no han robado y... lo pierde todo por culpa del azar. Ya me jodería. El robo es ahora absolutamente inútil para él, porque aunque consigan el dinero será todo para su amigo. Pero ya se ha comprometido y negarse conllevaría demostrar debilidad, así que allá van. Esperan en la oscuridad hasta que aparece Bascombe, y Jigger intenta apuñalarlo sin éxito. El empresario saca un revólver y el ladronzuelo huye, dejando a Billy solo. En otra cruel instancia de ironía dramática, resulta que ni siquiera le puede robar porque el empresario ya ha depositado el dinero, no lo lleva encima. La policía oye que hay movida y se acerca. Billy, al verse acorralado y anticipando su condena y la vergüenza que acarrearía, decide coger su cuchillo, clavárselo en el estómago y suicidarse. El pueblo se reúne a su alrededor y, para intentar paliar la desesperación de Julie, Nettie le canta *You'll Never Walk Alone*, un himno del poder de la esperanza ante la incertidumbre. Esta es una de esas canciones que ha transcendido completamente su contexto original y se ha convertido en un estándar del repertorio. Su mensaje universal promete compañía frente a la tormenta, por lo que lo mismo sirve para gestionar un duelo en un funeral, gritar en protestas o cantar colectivamente en partidos de fútbol. «Sigue andando con esperanza en tu corazón y nunca caminarás solo».*

El musical podría acabar aquí y sería fascinante, pero queda toda una sección extremadamente peculiar: Billy revive espiritualmente, aunque sigue muerto para el resto de los personajes. Entra en una especie de tribunal celestial, donde un personaje llamado Starkeeper ('guardián de las estrellas') le dice que no ha hecho suficientemente el bien como para entrar en el cielo. Le informa de que desde su suicidio han pasado quince años, porque en ese limbo el tiempo transcurre diferente. Le dan la oportunidad de redimirse y entrar al cielo ayudando a... su hija, Louise, que ahora tiene catorce años pero fue el feto cuyo misterioso género desencadenó la tragedia. Aunque con dudas, accede a bajar a la tierra junto a un funcionario del limbo celestial para

---

* *Walk, walk on, with hope in your heart and you'll never walk alone!*

conocerla. La forma en que Rodgers y Hammerstein decidieron condensar los primeros catorce años de la vida de Louise me pone los pelos de punta: es un *ballet* de diez minutos. Una secuencia puramente instrumental que relata mediante la coreografía[10] la vida de la hija de Billy desde su niñez hasta el presente, centrándose en la marginación que sufrió precisamente por ser su hija, además de sus anhelos de libertad y de amor. La música utiliza motivos y melodías previamente escuchados, como en *If I Loved You*, *June Is Busting out All Over*, el *Carousel Waltz* o el propio *Soliloquy*. Rodgers y Hammerstein habían inventado este concepto, el *dream ballet*, con *Oklahoma!*, obra en la cual habían incrustado un largo *ballet* al final del primer acto para explorar simbólicamente los miedos y conflictos de la protagonista Laurey. Pero en *Carousel* fueron un paso más allá, lo refinaron y le dieron una dimensión aún más narrativa. Interrumpir el avance de la trama mediante la palabra para, de manera coreográfica, explicar durante diez minutos el triste legado de Billy supone una audacia artística y una confianza enormes. Los autores confiaron en que el público aceptaría esta digresión formal porque genuinamente aportaba desarrollo emocional y temático. Y desde luego que lo hace, el poder narrativo del *ballet* es apabullante... Poco me puede emocionar más que una larga escena de danza y odio que prácticamente han desaparecido en los musicales contemporáneos. Esta es mi petición formal, mi alegato: si te dedicas a componer, mete un *ballet*, joder, ¿le tienes miedo al éxito?

En la siguiente escena, uno de los nueve hijos de Carrie y Enoch, Enoch Junior (fascinante que se llame igual que su padre, lo que Billy pretendía para su propio hijo), propone matrimonio a Louise. Ella, que está harta del pueblo y tiene intenciones de unirse a una *troupe* itinerante de actores, lo rechaza. Él reacciona con la misma violencia verbal y actitud desafiante con que suelen

responder los hombres rechazados: diciendo que no se casaría
con ella por ser hija de un abusador y encima de clase baja. Billy,
que ha presenciado todo esto espectralmente, se hace visible a
Louise y decide interaccionar con ella. Le dice que es un amigo de
su padre y le quiere regalar una estrella del cielo. Recordemos que
está muerto y literalmente viene de allí, del cielo científico, no del
cielo cristiano. Ella lo rechaza porque no lo conoce y le intimida, por
lo que él se frustra y acaba dándole un golpe en la mano. Louise
llama a su madre y ella, al salir, ve a Billy durante un segundo antes de que vuelva a hacerse invisible para los humanos. Explicado
así suena un poco cursi o torpe, pero os juro que funciona... El
poder del teatro a veces no se puede textualizar. Louise le explica
a su madre que un hombre le ha pegado en la mano, pero, aunque
no sabe explicar por qué, no le ha dolido. Julie, mientras suena de
fondo la melodía de la escena del banco, le dice a su hija que a
veces alguien te puede pegar y que no duela. Para esto que expresa
Julie, a día de hoy tenemos un término: la adaptación paradójica.
Acuñado en 2001,[11] se refiere a cómo algunas víctimas de violencia machista generan un vínculo de protección hacia el agresor.
La víctima suele creer que la huida es imposible, por lo que tiene
que adaptar su sistema de creencias para autopreservarse, y por
ello minimiza el dolor del abuso físico, o justifica que al agresor
tenía una razón para hacerlo. Al igual que en *What's the Use of
Wond'rin'?*, la obra no nos está diciendo que esto está fenomenal
y que todo genial. Nos muestra cómo se está perpetuando esa
justificación de forma transgeneracional: Louise, al igual que su
madre, también ha sentido un golpe de Billy que no ubica como
doloroso. Esto es triste, es frustrante, pero eso no te lo puede decir la obra y tratarte como imbécil, lo tienes que inferir tú.

La escena final sucede en la graduación de Louise, su liberación simbólica. El doctor del pueblo, Sheldon, interpretado por

el mismo actor que encarna a Starkeeper, da un discurso sobre no confiar en que el éxito de los padres conlleva el de los hijos, del mismo modo que el fracaso no tiene por qué ser una barrera en su vida. Billy le suplica a Louise que le escuche y le crea, pues no desea que su legado como padre sea un impedimento para su felicidad. Se acerca a Julie y le dice, por primera vez en toda la obra, que la quiere. Ninguna de las dos le puede ver o escuchar, pero mediante la magia del teatro y la fina barrera entre este mundo y el más allá les llega el mensaje mientras todo el pueblo canta un *reprise*[12] de *You'll Never Walk Alone*.

Y así queda inaugurado el teatro musical tal y como lo conocemos hoy en día. Este musical es un ejemplo paradigmático de forma y contenido dándose de la mano para contar la misma historia: nada sobra o es meramente decorativo. La música, las letras, la danza y el libreto trabajan juntos simbióticamente para ampliarse, explicarse y matizarse los unos a los otros. La obertura es un vals, que da vueltas sobre sí mismo como el tiovivo del título, anticipando musicalmente el ciclo de errores de los personajes. La larga escena del banco entrelaza de forma fluida la conversación, el canto y el silencio, explorando de forma realista la psicología de los personajes, revelando en la música lo que su timidez y miedos les impiden decir en las palabras. Esta escena fue definida por Stephen Sondheim como «el momento más importante en la evolución de los musicales contemporáneos».[13] Tenía razón, como siempre. El *dream ballet* de Louise nos cuenta catorce años de marginalidad y dolor transgeneracional sin abrir la boca, dejando claro que un cuerpo en movimiento tiene la misma capacidad de narración que la palabra. Todo esto ya se había introducido en *Oklahoma!* y se había probado con más timidez en obras previas de otros autores, pero en *Carousel* se llega a un nuevo pico de excelencia, de integridad y de homogeneidad.

No solo fue un hito a nivel formal, también su contenido fue rompedor al demostrar que un musical podía hablar de manera profunda de violencia, de muerte, de abusos o de masculinidades sin perder su interés popular. Además, la gran mayoría de los musicales previos terminaban con finales felices: se reunían las parejas, se resolvían los problemas y las comunidades se restauraban; *Carousel* es la primera piedra arrojada al repertorio musical. Tenemos un antihéroe que muere casi al final de la obra y no revive, la heroína no rehace su vida, su hija hereda el estigma social, Carrie e Enoch tienen un matrimonio en apariencia idílico pero aburrido y el final es extremadamente ambiguo: Billy no es absuelto de sus malas acciones ni se le redime, pero tampoco se le condena definitivamente. ¿Debemos perdonarlo nosotros como público, los personajes o nadie? ¿Realmente ha aprendido algo? Se deja al espectador con un nudo en la garganta y preguntas sin resolver, pero con la promesa del sostén comunitario de *You'll Never Walk Alone*. Es un optimismo crítico, no naíf: el dolor persiste, pero la solidaridad puede convertirlo en motor para el cambio. Quizá, y solo quizá, Louise pueda aspirar a una vida mejor, sin la carga del estigma de su padre fracasado. Este final probablemente resonó emocional y simbólicamente en los hombres que volvían de la guerra cargando con culpas que eran difíciles de verbalizar: Billy no es capaz de reparar el daño que ha hecho, pero se va con un último gesto de amor. La obra se limita a mostrar lo difícil que es corregir a tiempo, pero lo humano que es intentarlo. En su ambigüedad está su potencia. Mientras sigamos montados en el carrusel social, esta obra maestra de Rodgers y Hammerstein seguirá siendo un espacio para reflexionar, mirar la feria que nos rodea con otros ojos y quizá, entre todos y todas, reparar los caballitos y elegir una música diferente para la próxima vuelta.

CAPÍTULO 2

WEST SIDE STORY

CUCHILLADAS, BESITOS Y CHACHACHÁ

Nobody knows in America
Puerto Rico's in America.*

Esta letra de la versión original[1] de la canción *America* en *West Side Story* tiene un significado y una traducción enrevesados. *America* se utiliza en inglés como sinónimo de Estados Unidos, y por desgracia ha permeado en nuestra lengua también. No hay día que pase en el que no oiga a alguien referirse a un ítem estadounidense como *americano*: las chuches *americanas,* las empresas *americanas*, los tiroteos escolares *americanos*... Las palabras significan cosas (chocante, lo sé) y referirnos a un país por el nombre del continente en el que se halla conlleva pasar por alto a sus treinta y cuatro países vecinos... Pero para analizar *West Side Story* nos viene fenomenal.

Un coro de mujeres puertorriqueñas canta esta línea, refiriéndose tanto a la ignorancia de los estadounidenses sobre la ubicación geográfica de Puerto Rico (en el continente america-

* «Nadie sabe en Estados Unidos que Puerto Rico está en América».

no) como la pertenencia de la isla a Estados Unidos (*America*). El archipiélago de Puerto Rico, incluso a día de hoy, es un territorio no incorporado de Estados Unidos, lo cual significa que está bajo su soberanía pero no es «del todo» parte del país. Una especie de semiautonomía, un limbo político, ya que los puertorriqueños son ciudadanos estadounidenses y pueden viajar, vivir y trabajar libremente en el territorio continental del país, además de unirse a sus fuerzas armadas, pero no pueden votar desde la isla ni tienen representación plena en el Congreso. Como esto no es un libro de historia política (gracias a Dios), solo te voy a contar lo necesario para entender el conflicto central y el subtexto de *West Side Story*.

Durante nada más y nada menos que cuatro siglos, desde la llegada de Colón en 1492 hasta 1898, Puerto Rico fue colonia española. En julio de 1898 (justo cien años antes de que naciera yo... ¿Casualidad? Bueno, pues sí... pero es curioso), Estados Unidos invadió Puerto Rico y, tras firmar el Tratado de París con España ese mismo año, pasó a formar parte de su dominio. *Puerto Rico's in America*. Además, desde el 2 de marzo de 1917, con el establecimiento de la Ley Jones-Shafroth, toda persona nacida en Puerto Rico es automáticamente ciudadana estadounidense. Y finalmente, en 1952 se aprobó una Constitución local que establecía el territorio como «Estado Libre Asociado», lo cual les proporcionaba más autonomía que antes. Es decir: toda persona puertorriqueña es estadounidense bajo la ley, aunque con ciertas limitaciones.

Suficiente de historia política de Estados Unidos; volvamos a los adolescentes cabreados que cantan, bailan y se matan. *West Side Story*, con música de Leonard Bernstein, letras de Stephen Sondheim y libreto de Arthur Laurents, es una adaptación muy libre de nada más y nada menos que la shakespeariana *Romeo y*

Julieta, con un amor imposible entre dos pipiolos pertenecientes a facciones opuestas en el centro de su trama. En este caso, los bandos son los Sharks, migrantes puertorriqueños de primera generación, y los Jets, chicos blancos estadounidenses de segunda o tercera generación,[2] descendientes de gente del sur y este de Europa. María, una adolescente puertorriqueña recién llegada, y Tony (apodo hipocorístico de Anton), un caucásico descendiente de europeos, se enamoran, y así catapultan a ambas bandas a un bucle de violencia callejera desastrosa.

Hago énfasis en sus orígenes y razas porque nos ayudan a entender uno de los temas que subyacen debajo de esta trama: la construcción del «sueño americano» y a quién se le deja participar en él. Lo llamo «sueño americano» aunque es específicamente estadounidense porque así se conoce popularmente este ideal. Se trata de una fantasía arraigada en el mito de la meritocracia, que defiende que mediante el esfuerzo y la persistencia se pueden lograr el éxito y la movilidad social ascendente. Según este pensamiento, cualquiera, con independencia de su origen, género, sexualidad, capacidades, creencias o raza, puede alcanzar su idea de éxito laboral y personal. Sin embargo, es una putísima mentira que parece generada por una junta de accionistas sin piedad para vender su producto, pero este producto es un país. Esta propuesta cubierta de purpurina es la que engatusa a gente de todo el mundo (como mi tío abuelo o mi mejor amiga) a mudarse a sus tierras llenas de plantaciones de maíz y carentes de sanidad pública. Como se demuestra en *West Side Story*, los pilares de esta idea son erróneos, ya que a ciudadanos legalmente estadounidenses como Maria, su hermano Bernardo o su cuñada Anita no se les permite participar en el sueño americano por su racialización. Al ser personas latinas racializadas, solo pueden aspirar a trabajos precarios (*free to wait tables and* *shine shoes*)³* y recibir acoso constante que los hace sentirse no bienvenidos en el país al que pertenecen legalmente.

Pequeño inciso: hay que dejar claro que la *latinidad* indica procedencia del continente sudamericano y pertenencia a la cultura *latina* (un concepto muy grande y heterogéneo), pero no es una raza. Se puede ser latino y blanco, como Jenna Ortega o Lionel Messi; latino y negro, como Celia Cruz o Ariana DeBose (Anita en la versión cinematográfica de *West Side Story* de 2021), latino de ascendencia indígena, como Yalitza Aparicio o Rigoberta Menchú, etcétera. Además, como la racialización es una construcción, funciona de formas diferentes en distintos lugares del mundo: Selena Gómez es considerada blanca en México pero en Estados Unidos o aquí en España se la describe con el nebuloso y maleable término *latina*. Penélope Cruz, blanca y española, constantemente aparece en listas de «latinas en Hollywood» porque en Estados Unidos confunden hispanohablante con latino... En fin, no es un concepto monolítico. Por lo tanto, el conflicto central de *West Side Story* tiene que ver con el racismo, no con la xenofobia, como he visto analizado de manera errónea en muchos lugares. Los personajes puertorriqueños son claramente racializados y así están codificados, lo cual llevó a la producción original a hacer *brownface*⁴ a los actores blancos que los interpretaban. No habría los mismos conflictos y rencillas si los Sharks fuesen puertorriqueños blancos. ¿Tú te imaginas a los Jets odiando a Chayanne? Yo, personalmente, no... No puede describirse como xenofobia porque los puertorriqueños son técnicamente estadounidenses, aunque físicamente hayan tenido que migrar, solo por la posición geográfica de la isla. Pero, claro, el odio y el prejuicio no son racionales y funcionan bajo desconcertantes ló-

---

* «Libre de servir mesas y abrillantar zapatos».

gicas internas, por lo que los Jets ven a los Sharks desde la otredad aunque tengan el mismo estatus legal. Lo mismo pasó en España cuando Guinea Ecuatorial pasó a ser una provincia (1956-1968) tras dos siglos con estatus de colonia. ¿Tú crees que esos ciudadanos españoles negros nacidos en Guinea Ecuatorial tenían las mismas facilidades y recibían el mismo trato que un español blanco al mudarse a la península?

Life is all right in America. If you're all-white in America.[5]* *All-white* no solo está hablando de blanquitud, sino también de participar en todas las creencias de la hegemonía: crecimiento económico por encima de todo, individualismo, valores cristianos, heterosexualidad, bla-bla-bla. *West Side Story* es un claro producto de su tiempo, la década de 1950, precisamente por este pánico hacia cualquier cosa que se considere foránea, distante o disidente. Los años cincuenta fueron un momento de euforia colectiva para el país tras su victoria en la recién terminada Segunda Guerra Mundial (1939-1945). Su triunfo en el conflicto trajo consigo un refuerzo del orgullo nacional y sus símbolos, un enorme crecimiento económico, menores tasas de desempleo, la producción masiva de bienes domésticos, el auge del *rock and roll* con figuras como Elvis, el inicio de la carrera espacial y un largo etcétera. Si te pido que cierres los ojos y te imagines una familia estadounidense feliz estereotípica, probablemente tu imagen mental esté basada en estereotipos construidos en esta época de optimismo: una casa independiente con jardín, rodeada de una valla blanca, con un perrito, un buzón rojo, una tarta de manzana humeante en la ventana y, por supuesto, blanquitud. O quizá hayas pensado en *Los Simpsons*, que, aunque amarillos, son clara-

---

* «La vida está bien en Estados Unidos. Si eres completamente blanco en Estados Unidos».

mente una sátira de esta familia blanca nuclear. Se nos evidencia su blanquitud al codificar de manera tan clara a sus conciudadanos racializados (Apu, Carl, el Dr. Hibbert...) mediante sus tonos de piel, acentos, nombres o narrativas. Esta esperanza nacional, al igual que cualquier generalización, pasa por alto muchas realidades, ya que solo podías participar del *boom* económico y cultural si encajabas dentro de unos rígidos márgenes impuestos. De hecho, fue un arma de doble filo, porque todo rápido y espontáneo crecimiento deriva naturalmente en miedo de que se acabe, de que te lo quiten y de cualquier factor que pueda cuestionar o poner en peligro ese «orden establecido».

Un fenómeno que ejemplifica muy bien este miedo es lo conocido como *red scare*, el 'miedo rojo'. Tras la Segunda Guerra Mundial, la Unión Soviética se convirtió en el villano para Estados Unidos, tanto en lo político y militar como, consecuentemente, en lo ideológico. Una de las formas más retorcidas y más estadounidenses de unir a la gente es generarle miedo, darle un enemigo común y generar paranoia. El senador republicano Joseph McCarthy, que parece sacado de una obra de Valle-Inclán, afirmó delante del país en 1950, sin ninguna prueba, que tenía una lista de comunistas infiltrados en el gobierno. Nunca llegó a definir exactamente qué era el comunismo, cuáles eran sus fundamentos teóricos o por qué le parecía una ideología errónea, sino que lo usó como contraposición a todo lo que les convenía que se entendiese como *all-American*. Si lo estadounidense era cuadrado, lo comunista era redondo; si lo estadounidense era así, lo comunista era asá. Esta propaganda fue especialmente necesaria y útil durante este contexto de Guerra Fría, en el cual lo ideológico y lo abstracto eran aún más relevantes que lo militar. Utilizar el comunismo como un enemigo intangible, un Casper que acecha y viene a quitarte tu iPhone y a convertir a tus hijas en lesbianas, es una estrategia política que sigue funcionando a día de hoy; véase la campaña de 2021 con el eslogan «Comunismo o libertad» de otro esperpéntico personaje. Los comunistas pueden ser cualquier cosa: el monstruo debajo de tu cama, el ladrón de hamburguesas del McDonald's, Samara la de *The Ring* o una chica puertorriqueña de dieciséis años recién llegada al país buscando construirse una vida mejor. Lo curioso es que los Jets tienen una historia familiar similar a la de los Sharks: hace una o dos generaciones, sus familias migraron a Estados Unidos (desde el este o sur de Europa) porque veían imposible en sus lugares de origen el éxito económico y establecer una familia. Por lo tanto, tampoco es que ellos sean «nativos» neoyorquinos o los «dueños originales de la tierra». ¿Dónde está el umbral generacional en el que dejamos de considerar a alguien «extranjero»? No hay una respuesta clara y universal porque el concepto de migrante responde a intereses del contexto.

En la complejidad de estas construcciones reside *West Side Story*. Esta obra, a caballo entre la ópera y el musical, fue revolucionaria en su estreno de 1957 por varias razones. Se suele hablar de la infusión de ritmos latinos con la tradición sinfónica europea,[6] de la muerte de varios protagonistas o del uso de la danza como un elemento narrativo complejo y completamente integrado. Todo esto es verdad. Sin embargo, hay otra gran razón que tiene que ver con todo lo que he venido explicando antes: fue el primer musical en tratar claramente una problemática social muy seria que estaba sucediendo en la ciudad y el momento en que se estrenó. La trama tiene lugar en el barrio del Upper West Side, en el mismo Nueva York de la década de 1950 en el que se representó por primera vez, y aborda temas como la violencia urbana, las tensiones migratorias o las consecuencias devastadoras de la gentrificación. Las paredes de los teatros son porosas, por lo que ya había habido algunos musicales que tímidamente comentaban lo que sucedía extramuros, pero por lo general con una perspectiva cómica, fantasiosa o apolítica, como *Guys and Dolls* en 1950. *West Side Story* trajo una evolución crucial en el teatro musical, al introducir una dimensión crítica, trágica, realista y, sobre todo, cercana en su trama.

Hasta entonces, los musicales eran generalmente una vía de escapismo, de comedia, en los que había una resolución moral clara y un final satisfactorio. *Carousel* y, en general, las obras de Rodgers y Hammerstein habían abierto la veda para abordar temas más serios o incluir elementos trágicos, pero todavía era demasiado pronto como para confrontar al público de Broadway (en su mayoría blanco y de clase media-alta) con las asperezas sin pulir de sus calles. En *Carousel*, Billy es abusivo y se suicida *pero* se redime espiritualmente *post mortem*; en *The Sound of Music*, los nazis toman el control *pero* la familia consigue escapar y vivir feliz; en *Oklahoma!*, Jud muere en una pelea *pero* se determina que fue un accidente y los protagonistas pueden casarse... Sin embargo, en *West Side Story*, el final es trágico, insatisfactorio y no ofrece ningún tipo de consuelo o vía de esperanza. Estas dos bandas juveniles viven en el barrio Upper West Side, en concreto en la empobrecida zona de San Juan Hill, conocida por su presencia migrante y alta densidad poblacional. En 1955, en plena composición del musical, fue declarada legalmente un *slum*, un barrio bajo, por Robert Moses. Este señor con apellido bíblico fue el urbanista más relevante de Nueva York entre las décadas de 1930 y 1960, tiempo durante el cual renovó puentes y autopistas, aumentó los espacios verdes de la ciudad y supervisó proyectos de rehabilitación de las playas de la ciudad como espacios de ocio. Pero (siempre hay un pero) también llevó a cabo un devastador plan de *slum clearance*, es decir, erradicación de los barrios

bajos. Este plan consistía en defender que los barrios empobre-
cidos suponían un problema sanitario, moral y económico para
la ciudad, por lo que se usaban fondos públicos para expropiar
las viviendas, derribarlas y reconstruir ese espacio con elementos
urbanísticos que sí se consideraban correctos e ideales para la
urbe. Vamos, gentrificación, pero de la más dura y directa, con
apisonadoras y bolas de demolición y sin un proceso tácito y pro-
gresivo de aparición de viviendas turísticas, cafés de especialidad
y *boutiques*.

La rabia e impotencia que sienten estos jóvenes en San Juan
Hill es comprensible, pero la violencia resultante está mal direc-
cionada. El enemigo de los Jets no son los Sharks y el enemigo de
los Sharks no son los Jets, sino que comparten enemigo: el sistema político que está llevando a cabo un proceso agresivo y desesperanzador de «restauración» de la ciudad. Las divisiones de raza
o procedencia son completamente artificiales y responden a intereses más grandes: en este caso, compensaba más que dos tipos
de ciudadanos estadounidenses estuvieran distraídos asesinán-
dose en las calles antes de que se dieran cuenta de cuál era el
problema real. Ninguno de los dos va a sobrevivir al Nueva York
que viene, ninguno de los dos entra dentro del proyecto urbanís-
tico que se va a implementar, pero están alienados del problema
real porque no han tenido los recursos para entenderlo o combatirlo. San Juan Hill comenzó su demolición en 1959; se desplaza-
ron más de siete mil familias, se destruyeron unos ochocientos
negocios locales y se rompió a su paso toda una subcultura vibrante en nombre del «progreso». Lo que se construyó encima
del polvo que hicieron del barrio es bastante irónico: el Lincoln
Center for the Performing Arts, un complejo de edificios dedica-
dos a las artes más burguesas y europeas. Este incluye la Metro-
politan Opera House (el teatro de ópera con mayor capacidad

del mundo, unas 3.850 butacas), el David Geffen Hall (sede de la filarmónica de Nueva York) o el David H. Koch Theatre (sede del *ballet* de Nueva York), entre otros. Muchos Davids en los nombres y muchísimo dinero y caché cultural dentro de ellos. Ese mismo año, 1959, casualmente, *West Side Story* cerró en Broadway tras 732 funciones.

Durante esos dos años en los que alumbró el Winter Garden Theatre de Broadway y en todas sus encarnaciones posteriores, tanto escénicas como cinematográficas, *West Side Story* ha generado mucho debate y división en cuanto a cómo representa a los personajes latinos, particularmente la idiosincrasia de la comunidad *nuyorican* o nuyorriqueña. Este *portmanteau* de las palabras *neoyorquino* y *puertorriqueño* hace referencia tanto a las personas puertorriqueñas establecidas en Nueva York como a lo específico de su cultura. Cómo se ha de representar a una comunidad infrarrepresentada en los medios es un tema muy complejo. Por un lado, es necesario que toda persona pueda sentirse identificada y no excluida de las historias que ve, y que narrativas fuera de la hegemonía tengan su cabida en espacios grandes y accesibles. La representación no es un capricho: lo que vemos en la televisión, en los escenarios o en el cine es de extrema importancia porque configura en nuestra cabeza ideas como quién es *normal*, quién es *importante* o quién merece amor, complejidad o poder. Puede tener también el efecto contrario: al no representar algo, quizá ni siquiera se nos ocurra que un tipo de persona tenga particularidades o complejidades concretas.

Un ejemplo rápido y claro: nunca olvidaré la escena en la que Ángela, la protagonista de la película *Sorda* (Eva Libertad, 2025), da a luz. Al ser sorda, tiene un parto muy desconcertante y bastante violento, ya que el equipo médico no sabe comunicarse con ella ni hace el esfuerzo por que entienda lo que le está sucediendo en un momento tan vulnerable. Nunca en mi vida como persona oyente (y como hombre *cis*) me había planteado cómo podía ser un parto con una discapacidad y las violencias obstétricas particulares que puede conllevar. Ver realidades que no conocemos o a las que no tenemos acceso en nuestro día a día nos ayuda como espectadores (y consecuentemente como personas) no solo a comprender más a esa comunidad, sino también a ampliar nuestros horizontes de empatía en general. Si no lo vemos, no lo escuchamos o no nos lo cuentan, es como si no existiera.

Ahora bien, la representación es muy importante, pero también lo es su calidad. Si viene cargada de estereotipos y puede perpetuar ideas dañinas sobre esa comunidad, el resultado neto es potencialmente negativo. Hay que tener en cuenta que las tres personas al cargo de la escritura de *West Side Story* son hombres blancos. Por mucho que Sondheim y Laurents fuesen gays, Bernstein bisexual[7] y los tres fuesen judíos (lo cual les daba un estatus de «blanquitud condicional» según las lógicas raciales estadounidenses),[8] ostentaban muchos privilegios que les impedían comprender del todo cómo era, pensaba y se comportaba la comunidad nuyorriqueña. De hecho, el concepto original que iban a desarrollar era una adaptación de *Romeo y Julieta* en la cual un chico judío se enamoraba de una chica católica en el barrio Lower East Side de Manhattan, traspasando diversas barreras religiosas y culturales en el contexto de las fechas en las que suelen solaparse la Pascua judía (*Pésaj*) con la Pascua de Resurrección católica. Sin embargo, pensaron que el conflicto central ya no era tan urgente o contemporáneo, mientras que las tensiones raciales en el Upper West Side estaban a la orden del día en todos los noticiarios. Decidieron cambiar el enfoque de la historia porque les parecía que el conflicto dramático tendría mayor impacto, no necesariamente por interés en los puertorriqueños y sus experiencias vitales. No he podido encontrar ninguna prueba de que ninguno de los tres consultara con personas nuyorriqueñas sobre sus vidas y dificultades, sino que se basaron en lo que podían leer y oír sobre ellos. Además, como te podrás imaginar, no había ni una persona latina en el equipo creativo en su estreno en Broadway, ni en producción, ni vestuario, ni diseño, ni nada. En el elenco principal casi no había actores latinos interpretando a los puertorriqueños, con contadas excepciones, como la maravillosa Chita Rivera en el papel de Anita. El propio Sondheim expresó dudas cuando se le presentó el proyecto; está documentado que dijo «nunca he sido tan pobre y ni siquiera he conocido nunca a un puertorriqueño»,[9] a lo cual su agente le respondió que no pensara en esos términos, que Maria y Tony eran amantes condenados por sus circunstancias, una historia universal.

Por lo tanto, *West Side Story* no es un artefacto cultural perfecto e ideal. Ninguno lo es. Aunque rompedor y revolucionario al abordar el tabú de los conflictos raciales, los personajes latinos acaban siendo bastante caricaturescos y bidimensionales en servicio a la historia. Habrá gente que piense: «Buah, la cosa es quejarse, generación de cristal, nosequé, encima que cuentan esta historia y había "buena intención"»... Espero que no seas tú, querida lectora, sino mis némesis abstractos. No nos podemos excusar en la nebulosa «buena intención» cuando algo que pretende validar las experiencias de una comunidad está hecho sin consultarla o incluirla en el proceso creativo, cayendo en estereotipos por el camino.

Sí, el destino final de todos los personajes es trágico en *West Side Story* independientemente de su raza, pero los latinos sufren más pérdidas materiales y emocionales, además de basarse en y perpetuar arquetipos simplistas. Bernardo es pasional y violento, por lo que acaba siendo asesinado al ignorar los ímpetus de reconciliación entre las dos bandas que está proponiendo el blanco Tony. Anita es confrontativa, sexual y sarcástica, por lo que su sexualidad se usa en su contra al ser casi abusada sexualmente en grupo por los Jets. Maria es inocente y virginal, no se le permite expresar emociones más complejas. Aunque su romance con Tony es un acto de resistencia, esta rebeldía acaba conllevando la muerte tanto de él como de su hermano, además del repudio de Anita, y la deja sola en el mundo. Solo la conocemos en relación con hombres, sean su hermano, su novio o incluso Chino, el novio que Bernardo había escogido para ella. Tanto Bernardo como Chino asesinan voluntariamente y sin una «provocación personal» a Riff y Tony, respectivamente, mientras que Tony asesina a Bernardo en venganza por matar a su mejor amigo Riff, por lo que, de alguna forma, la trama justifica este asesinato. Como audiencia, se nos invita a llorar más la muerte de Tony que cualquier otra, porque es un héroe trágico cuyo potencial ha sido arrebatado por un mundo injusto. En cambio, la muerte de Bernardo es un recurso para que la trama se acelere, no se le concede la misma importancia que a las muertes blancas. Maria, al final de la obra, coge la pistola y apunta a ambas bandas, que se habían reunido alrededor del cadáver, demostrando mucha más indignación y profunda tristeza por la muerte de su amante al que conoció hace literalmente dos días que por la de su hermano, con el cual vivía en este país que todavía le es desconocido.

Todo esto no es una crítica contemporánea hecha desde la lente del antirracismo del siglo XXI, sino que ya incluso en las funciones previas a su paso por Broadway en Washington D. C., *La Prensa*, el periódico más vendido en idioma español de Nueva York, criticó la obra por fomentar estereotipos sobre los latinos y sugerir que Puerto Rico es una isla «primitiva»[10]. Incluso con todo lo expuesto, espero que cale un mensaje: el disfrute y el raciocinio crítico no son enemigos, se pueden dar de la mano. Se puede disfrutar profundamente, emocionarse y dejarse llevar por una obra maestra sin ignorar por completo que es una obra con fallos y una representación estereotipada y simplista. Tendrías que haberme visto llorar desconsoladamente en el cine desde el primer silbido del prólogo cuando fui a ver la nueva versión cinematográfica de 2021 dirigida por Steven Spielberg, la cual intenta subsanar, con éxito heterogéneo, varias de estas cuestiones en torno a la representación. *West Side Story* es una obra perpetuamente maleable y reinterpretable, capaz de dialogar con la época en la que se represente. Aun siendo un claro producto de su época tanto en su brillantez como en sus defectos, no ha perdido su vigencia porque contiene temas universales que nos quedan pendientes: la gentrificación, el racismo cotidiano, la violencia como respuesta a la exclusión social, el rol del arte al representar la otredad, las dificultades de la migración o cómo convivir con la diferencia. De esta forma, *West Side Story* trasciende su origen temporal y nos puede servir como espejo en el que mirarnos, pues nos cuenta, en su retahíla de temazos, una historia sobre luchas sociales y esperanza en el cambio, que es tan universal como específica.

CAPÍTULO 3

CAMELOT

EL MUSICAL QUE ESCULPIÓ
UN LEGADO PRESIDENCIAL

Don't let it be forgot, that once there was a spot,
for one brief shining moment that was known as Camelot.*

Estas palabras llenas de nostalgia y una ligera melancolía son lo
último que canta el rey Arturo en *Camelot*, al final de este fascinante musical que desarrolla temas como el choque del idealismo y la realidad en política, la vigencia de la mitología británica
o las locas ganas de follar que nos vienen en el mes de mayo. Arturo está desolado y ha perdido toda esperanza: sus intenciones
de usar el poder monárquico para hacer el bien no solo han sido
un fracaso, sino que se ha generado un pedazo de guerra entre
Francia y Camelot por culpa de un conflicto dentro de su matrimonio con Ginebra (Guenevere en la versión original). Esta, por
su parte, ha huido de Camelot con Lancelot, un caballero francés
con el que ha estado tonteando media obra de forma bastante
picarona, lo cual casi le cuesta ser quemada viva en la hoguera.

---

* «No dejes que se olvide que una vez existió un lugar, por un breve y
brillante instante, conocido como Camelot».

Este momento final de apreciación por aquel «breve y brillante instante» de su reinado está provocado por el recurso que más odio en el teatro: un niño. Este chaval, Tom, ha venido con todas sus esperanzas y buena fe al reino para convertirse en un caballero de la Mesa Redonda, sin saber todo el percal bélico que se ha montado en los últimos meses... Las noticias viajaban más despacio en el Medievo fantasioso. Su idealismo le recuerda a Arturo a sí mismo cuando era más joven y lo nombra oficialmente caballero, para que pueda transmitir a las siguientes generaciones los valores caballerescos que él quiso defender pero no pudo, como la justicia, el honor o la valentía. Y esto es exactamente lo que hizo la recién enviudada primera dama de Estados Unidos: Jacqueline Kennedy.

El 22 de noviembre de 1963, solo tres años después del estreno de *Camelot* en Broadway, al presidente John F. Kennedy le dispararon mientras iba en un descapotable al lado de su mujer, Jackie. Murió una hora después en un hospital cercano. La viuda, apenas una semana después del asesinato, recurrió al poder de la cultura de masas para otorgarle un cariz mítico y un enorme peso histórico a la corta presidencia de su marido. Invitó al periodista Theodore H. White, antiguo amigo de la familia, a entrevistarla en Hyannis Port, una zona portuaria de Massachusetts muy ligada a la familia Kennedy. De hecho, Taylor Swift pasó allí su deliciosamente caótico verano de 2012 liándose con el sobrino nieto del muerto, Conor Kennedy... pero eso es otro libro. Durante la entrevista, Jackie sacó a colación esta letra final de *Camelot*, esa alusión a un breve y brillante instante, por dos razones. Por un lado, parece ser que al presidente le encantaba el musical y tenía el hábito de escuchar el *cast recording* original por las noches antes de dormir, particularmente este final. Un gusto impecable. Pero, aún más importante, Jackie estaba activamente escribiendo un epílogo legendario para su marido, dotando su truncado mandato de tintes místicos, nostálgicos y artúricos. La viuda, para intentar convencer al pueblo estadounidense de que su presidencia había sido perfecta, irrepetible e inolvidable, dijo textualmente: «Habrá grandes presidentes de nuevo [...] pero nunca habrá otro Camelot».[1]* Jackie podría haber hecho referencia a cualquier otra obra de arte, pero la elección particular de *Camelot* es muy astuta, una calculada fabricación histórica a través de un musical popular.

En el corto artículo que resultó de esta entrevista se cita a Jackie diciendo: «Cuando Jack [el apodo de JFK] citaba algo, normalmente era clásico [...] pero no puedo parar de pensar en una línea de un musical cómico».[2]† Esto lo presentaba como un hombre culto, que conocía y priorizaba las referencias clásicas, pero que a la vez era capaz de pasárselo bien con una pieza de entretenimiento. Tiene sentido que su excepción popular, su picoteo por los lares de la «baja cultura», sea en forma de teatro musical, ya que es un medio eminentemente estadounidense, el arte patrio, el orgullo nacional. ¡Soy como vosotros, puedo disfrutar un musical! Este artículo-entrevista se publicó el 6 de diciembre de 1963 en *Life*, una de las revistas más prestigiosas y vendidas del momento. La astucia y sensibilidad cultural de Jackie y la pluma experimentada de Theodore se unieron para fabricar esta narrativa nacional de liderazgo ideal en la que se mezclaban sentimentalismo, estrategia política y musicales. El propio Theodore admitió en sus memorias de 1978[3] que fue utilizado como un instrumento para acuñar el mito, lo cual no le importó porque entendió la necesidad desesperada de la viuda de definir

* *There'll be great presidents again [...] but there'll never be another Camelot.*

† *When Jack quoted something, it was usually classical [...] but all I keep thinking go if this line from a musical comedy.*

el legado de JFK. Una vez escrita la entrevista, hicieron que se pararan las rotativas de la revista (lo cual costaba aproximadamente 30.000 dólares la hora) para que pudiera salir lo antes posible; había un sentimiento general de urgencia. Los editores intentaron que rebajaran la metáfora camelotiana, pero tanto Jackie como Theodore insistieron... y tuvieron razón. En sus líneas finales, unos treinta millones de lectores[4] encontraron la inolvidable imagen: por un breve y brillante instante, Estados Unidos fue Camelot, gracias al presidente al que acababan de matar injustamente. Ser asesinado siendo una figura política te otorga inmediatamente la empatía pública, un lugar permanente en los libros de historia y un tinte de mártir supervalioso para tu legado.

Al vincular a Kennedy con el legendario Arturo, Jackie creó un paralelismo poderoso entre la realidad histórica y la ficción musical. La viuda sugería que JFK había sido un líder idealista que encarnaba las virtudes caballerescas del coraje, la diplomacia, la justicia social o el progreso. Al mismo tiempo, la comparación subrayaba el carácter efímero de ambos periodos: tanto Camelot como la administración Kennedy fueron «edades de oro» terminadas prematuramente, que dejaron tras de sí la sensación de un potencial incumplido. De esta forma, su asesinato no era solo una tragedia política y personal, sino el final melancólico de una era legendaria. Esta inscripción dentro de un relato ficticio es algo que el propio Kennedy había sembrado años atrás, aludiendo a abstracciones míticas para interpelar emocionalmente al público. En el primer discurso que dio al ser elegido como el candidato demócrata para las presidenciales de 1960 (año de estreno del musical, coincidentemente), presentó su eslogan: *The New Frontier*.* Esta era una alusión simbólica a la frontera móvil que

---

* «La nueva frontera».

desde el siglo XVII hasta finales del siglo XIX marcaba el límite entre el territorio estadounidense colonizado por los europeos y las tierras del Oeste pertenecientes a las poblaciones nativas. La «nueva frontera» de Kennedy evocaba la idea de conquista, de exploración y de empuje colectivo hacia nuevas metas en la recién inaugurada década de 1960, marcada por los movimientos sociales colectivos que buscaban la igualdad de género, combatir el racismo o parar la guerra. Jackie recicló la estrategia mitificadora, pero utilizando el musical en vez de esa frontera inventada que movía a los colonos a arrebatar violentamente las tierras a sus propietarios originales.

Todo este plan, por loco o desesperado que parezca, funcionó. Alan Jay Lerner, el libretista y letrista de la obra, contó que, poco después de que saliera el artículo, una función del musical (a su paso por Chicago durante la gira) tuvo que ser interrumpida después de que el protagonista cantara esa línea sobre el breve y brillante instante. «Hubo un lamento repentino entre el público. No fue un sollozo ahogado; fue un grito fuerte y casi primitivo de dolor. La función se detuvo y durante casi cinco minutos, todos en el teatro, en el escenario, entre bastidores, en el foso y en el público, lloraron sin contención».[5]* La metáfora había calado emocionalmente en la nación, pero también se aceptó a nivel institucional, académico y político, y a día de hoy sigue siendo común referirse a su mandato como *The Camelot Presidency*. No voy a analizar en detalle si realmente fue un líder tan perfecto e idílico porque este libro no va de eso, pero lo que sí me interesa profundamente es investigar las similitudes y diferencias entre el

---

* *There was a sudden wail from the audience. It was not a muffled sob; it was a loud, almost primitive cry of pain. The play stopped, and for almost five minutes everyone in the theater – on the stage, in the wings, in the pit, and in the audience – wept without restrain.*

delirante personaje de Arturo y el presidente de carne y hueso. La historiografía siempre requiere una generación de una narrativa y una construcción... y a veces sus ladrillos son letras de musicales.

Lejos de los reyes imponentes, rígidos y estoicos de las narrativas tradicionales, el rey Arturo que las letras de Lerner y la música de Frederick Loewe pintaron en 1960 es un gobernante joven y dubitativo que camina cual funambulista en la línea entre el pánico cotidiano y la ambición política transformadora. En la primera escena, lo vemos solo y nervioso, escondido en el bosque en la víspera de su matrimonio pactado con la princesa francesa Ginebra. En la deliciosa *I Wonder What the King is Doing Tonight*,* nos cuenta con humor el absoluto pavor que siente ante la boda, cosa que nunca antes había experimentado, ni siquiera en las batallas más sangrientas. No queda claro si el miedo es al compromiso o a las mujeres, pero probablemente sea a las mujeres, ya que no parecen existir de manera relevante en su mundo. Ginebra será la única mujer con un papel de peso en toda la obra... test de Bechdel absolutamente suspenso. Cuando acaba conociéndola, el propio Arturo reconoce haberse convertido en rey en contra de su voluntad (sacó la famosa espada Excalibur de la piedra de casualidad, porque pasaba por allí) y que las responsabilidades del trono le abruman. Al ver este retrato inicial tan cómico, torpe y aterrorizado, sorprende que fuese utilizado para exaltar la memoria de un presidente, pero, tras esta aparente contradicción, existe una estrategia.

John F. Kennedy fue el presidente electo más joven de su siglo, tenía tan solo cuarenta y tres años el día de su nombramiento. Al igual que Arturo, era un muchacho intentando liderar con firmeza, pero lleno de incertidumbres. Si bien poseía mucho ca-

* «Me pregunto qué está haciendo el rey esta noche».

risma, energía y determinación, su mandato estuvo repleto de imprevistos y conflictos de gran escala complicados de gestionar, principalmente a nivel internacional. Entre muchas otras cosas, se vio obligado a gestionar el punto álgido de la Guerra Fría, el fracaso que fue la invasión de bahía de Cochinos en Cuba, las consecuencias internacionales de la construcción del Muro de Berlín (1961), la Crisis de los Misiles en Cuba (1962), el motín de la Universidad de Misisipi (1962) o la crisis de precios del acero (1962). Las memorias de su consejero y escritor de discursos Ted Sorensen[6] lo describen como un hombre reflexivo, que solo tomaba decisiones críticas tras una minuciosa consideración. La línea entre ser dubitativo y muy reflexivo es fina, y tanto el líder legendario como el real la conocen. Además, la juventud de ambos líderes implicaba también la necesidad de legitimarse ante una «corte» de veteranos: Arturo debe ganarse el respeto de sus caballeros y nobles pese a su inexperiencia, mientras que Kennedy tuvo que demostrar autoridad frente al *establishment* político de Washington D. C.

Pero esto es solo el principio del primer acto. A lo largo de la trama de *Camelot*, Arturo va evolucionando de tímido rey aprendiz a impulsor de un innovador proyecto político: la Mesa Redonda. Con la guía del mago Merlín (un mentor que le recuerda su deber y su potencial, similar al rol que consejeros como Sorensen o su hermano Robert tuvieron para Kennedy), Arturo concibe la idea de reunir a los mejores caballeros en igualdad de condiciones, abolir la barbarie y usar el poder para generar el bien. *Might for right*,* en sus propias palabras. De alguna forma, se puede entender esta Mesa como un antecedente de la Unión Europea pero con armaduras caballerescas, mucha menos higiene

---

* «El poder al servicio de lo correcto».

y quizá algo más de homoerotismo. Esta visión de liderazgo colaborativo y justicia institucional tiene paralelos evidentes en la agenda *kennediana*: creó alianzas internacionales (como Alianza para el Progreso, un plan de cooperación entre Estados Unidos y América Latina), promovió ideales de servicio público (fundó el Peace Corps, una agencia gubernamental que gestiona programas de voluntariado internacional) y defendió los derechos civiles (en 1963 declaró que la igualdad racial era «una cuestión moral», en un momento en el que el país seguía segregado hasta para el uso del baño). Al igual que Arturo, Kennedy pretendía canalizar ese poder de Estados Unidos hacia causas que él consideraba más justas.

Sin embargo, *Camelot* no ignora los costes personales que conlleva este liderazgo tan idealista. El proyecto de perfección política se le empieza a resquebrajar, como suele pasar, cuando intervienen las pasiones humanas inesperadas. Arturo tiene que sacrificar mucho, por ejemplo su matrimonio, cuando en un intento de mantener la estabilidad de la Mesa Redonda y no generar una guerra entre Camelot y Francia tolera pasivamente el *affair* de su mujer con su mejor amigo, el caballero francés Lancelot. Recordemos que él estaba completamente en contra de su matrimonio con Ginebra, pero hay un salto de cinco años durante el primer acto en el que su amor por ella no solo se materializa, sino que se afianza profundamente. Cuando ella provoca (con un subtono espectacularmente sexual y manipulador en *Take Me to the Fair*)* a tres caballeros para que intenten matar a Lancelot en un torneo de justa,[7] para así comprobar esa supuesta inquebrantabilidad que tanto le provoca del francés, Arturo decide no hacer nada. Todos los traspasos de su mujer son ignorados con re-

---

* «Llévame a la feria».

signación... en parte porque no existe el divorcio y en parte porque, según expresa en *How to Handle a Woman*,* cree firmemente que con expresar el profundo amor que sientes será suficiente para que tu pareja te sea fiel y te acompañe en tu cruzada personal. *Spoiler*: le sale fatal, ella lo abandona por el francés buenorro y se genera una guerra transnacional que mata a media Mesa Redonda. Esta faceta trágica de un líder bueno que sufre una derrota íntima y política resuena con la percepción póstuma de Kennedy: tras su muerte prematura fue visto como un «rey herido» cuyos nobles planes quedaron incompletos. Kennedy no vivió para ver sus ideales plenamente realizados (la igualdad racial, la llegada a la Luna, la distensión de la Guerra Fría...), al igual que Arturo. Nada es más inspirador y emocionalmente resonante que un potencial sin cumplir, una injusticia personal con ramificaciones globales.

Pero esta narrativa solo puede calar en el público si hay una plataforma masiva para comunicarla y, por arte de magia merlinesca, el musical llegó en el momento histórico justo para poder expandirse como la pólvora... y, de forma análoga, también explotar rápidamente. Antes de su conexión ahora intrínseca con el legado Kennedy, *Camelot* había sido un éxito moderado, con 873 funciones y dos previas en Broadway, en total poco más de dos años en cartel. No está nada mal, pero su potencial fue truncado, pues antes de su estreno apuntaba a ser un pedazo de éxito de esos que tallan en mármol una obra en el canon y en la imaginación colectiva para siempre... Veamos por qué lo parecía y por qué no lo acabó siendo.

El icónico dúo detrás de este musical, Lerner y Loewe, fue también responsable de nada más y nada menos que *My Fair*

---

* «Cómo tratar a una mujer».

Lady, uno de los pilares fundamentales del género... y el paciente 0 de la misoginia y el clasismo en los musicales. Es broma, de eso ya había mucho antes, pero esa obra es fuerte (y absolutamente fantástica, son compatibles). *My Fair Lady* se había estrenado en Broadway cuatro años antes, en 1956, donde aguantó la friolera de seis años y medio, con 2.717 funciones, el musical más longevo hasta ese momento, solidificando al dúo creador como «los nuevos» Rodgers y Hammerstein. El *cast recording* original fue el álbum más vendido de todo Estados Unidos en 1956 y en su centro se encontraba la incandescente, la brillante, la leyenda Julie Andrews, que por entonces tenía veintiún años. Esta británica con las cuerdas vocales de un ángel, un *bob* rubio y una telegenia arrolladora que no se puede enseñar, ahora recordada como *Mary Poppins* (1964) y Maria en *The Sound of Music* (1965), por entonces era una joven promesa. Solo un año después, en 1957, protagonizaría la televisiva *Cinderella* de Rodgers y Hammerstein en un programa en directo que vieron más de ciento siete millones de personas, lo que la convirtió inmediatamente en una actriz de éxito. Andrews sería la primera Ginebra de *Camelot*, junto al rey Arturo de Richard Burton. Este actor llegaba a la producción siendo una estrella a sus treinta y cinco años, con dos nominaciones a los Oscar, películas muy taquilleras como *The Robe* y un respeto teatral inmaculado tras sus interpretaciones de los shakesperianos Hamlet o Coriolano. Además, y se ha de mencionar, era un hombre guapísimo con presencia constante en portadas de revistas y medios de comunicación. Pocos años más tarde tuvo un loco romance con Elizabeth Taylor en el set de *Cleopatra*, lo cual inspiró cincuenta y cuatro años después la línea «Burton to this Taylor» de la canción *...Ready For It?* de Taylor Swift... pero, repito, eso es otro libro. Por otro lado, el musical se benefició de una constante presencia en la prensa durante sus *tryouts* en Toronto y Boston dos meses antes de su estreno en Broadway, principalmente porque la versión primigenia superaba la friolera de cuatro horas y media de duración. Que una función dure tanto tiene que estar extremadamente justificado dramáticamente; si no, el público se siente secuestrado y el elenco se agota al hacerlo ocho veces a la semana. Lerner diría en su autobiografía que «solo *Tristan und Isolde* [de Richard Wagner] se igualaba como concurso de aguante de vejiga»,[8]* por lo que empezaron a cortar y a reordenar y a alterar y a reducir para intentar llegar a una versión condensada y definitiva que se presentara en Nueva York. La confluencia de estrellas en el elenco y en la composición, junto al cuchicheo mediático, supuso que *Camelot* batiera el récord de ventas anticipadas en la historia de Broadway (hasta entonces), con más de tres millones de dólares en entradas vendidas antes de su estreno.[9]

Sin embargo, tras la *première* del 3 de diciembre de 1960, la recepción fue bastante tibia y mixta. La crítica principal que recibió es que tenía problemas de ritmo narrativo y tono dramático, una consecuencia inevitable de recortar alrededor de hora y media de material en menos de dos meses. Si se me permite intervenir, que entiendo que sí porque lo estoy escribiendo yo, opino que *Camelot* tiene uno de los arranques más perfectos y chispeantes de la historia del repertorio. Una obertura con tintes épicos medievales, un encuentro supercómico entre dos monarcas que, sin saberlo, están huyendo de su boda pactada con el otro y todo enmarcado por una serie de canciones extremadamente pegadizas y superreveladoras sobre los personajes. *I Wonder What the King Is Doing Tonight*, *The Simple Joys of Maidenhood*, *Camelot*, *C'est Moi*, *The Lusty Month of May* y *Take Me To*

---

* *Only 'Tristan und Isolde' equaled it as a bladder-endurance contest.*

The Fair van todas seguidas y no te dejan ni respirar, es como anclarte a un tren a toda velocidad y sentir la brisa en el pelo. Pero, tras la feria y el combate de justa, todo empieza a complicarse y a dispersarse. Hay varios saltos temporales, muchos cambios de sentimientos, decisiones complicadas no especialmente justificadas, una guerra transnacional, un intento de quemar a Ginebra en la hoguera por adúltera, una maga a la que sobornan con dulces, un hijo adolescente ilegítimo de Arturo que intenta orquestar un golpe de Estado y lo más oscuro y horrible de todo... el niño británico del final. Escalofríos. La reseña de *The New York Times* dijo del estreno de *Camelot* que era «una ciudad solo parcialmente encantada, siempre hermosa [...] desafortunadamente lastrada por el peso de su libreto»[10] y el *New York Post* dijo que «no había un patrón en la velada, y sus estados de ánimo iban de lo grave a lo alegre, dejando una impresión de pesadez».[11]* El campo semántico de la *pesadez* hace varias apariciones en las críticas, porque efectivamente sigue siendo una obra innecesariamente larga y con una trama bastante incoherente. Este desconcierto dramático supuso que la venta de entradas cayera en picado una vez se estrenó. Las decenas de miles de entradas que se habían vendido antes del estreno mantuvieron el montaje a flote durante unos meses, pero el boca a boca fue mucho menos entusiasta y las reseñas mixtas no ayudaron. De hecho, la productora proyectó que tendría que cerrar para mayo de 1961, después de solo seis meses en cartel.[12] Si pudo flotar y mantenerse en Broadway durante casi dos años fue gracias principalmente a dos elementos tecnológicos relativamente recientes y en auge: los vinilos LP y la televisión.

---

* *There was no pattern to the evening, and its moods ranged from grave to gay and left the impression of ponderousness.*

La tecnología de grabación y difusión masiva se desarrolló más o menos a la vez que nacían los primeros musicales, pero había muchas limitaciones técnicas. Los primeros *cast recordings* se editaron con la tecnología más puntera del momento, en discos de 78 RPM (revoluciones por minuto). Cada cara solo podía contener tres o cinco minutos de música en los de veinticinco y treinta centímetros, respectivamente, por lo que estaban extremadamente limitados. Para que te hagas una idea, el *cast recording* de *Carousel* de 1945 se comercializó en un set que contenía cinco discos de treinta centímetros. Cada cara de cada disco tenía el espacio justito para una canción/escena, y de hecho el *Soliloquy* se tuvo que dividir en dos caras porque no cabía. Por lo tanto, eran incómodos de escuchar, ya que había que rotarlos constantemente, pesados por estar hechos de goma laca, muy grandes porque cada set tenía que contener muchos discos y además extremadamente caros, más o menos el mismo precio de una entrada de patio de butacas en el Broadway del momento. Pero todo avanza y en 1948 se introdujeron por primera vez los LP (*Long Play* o «larga reproducción» en castellano), que debido a sus surcos más pequeños podían contener mucha más música en mejor calidad y, al estar hechos de vinilo, eran mucho más ligeros, resistentes y considerablemente más baratos de producir y comercializar. El primer musical que usó esta tecnología fue *South Pacific*[13] en 1949. En un solo LP de treinta centímetros pudieron incluir toda la música de la obra, pero, como la mayoría de los consumidores todavía no tenía reproductores que admitieran este nuevo formato, también se comercializó en 78 RPM, en un set que constaba de siete discos de veinticinco centímetros. Como te podrás imaginar, la adopción del LP como método preferido fue casi inmediata.

Camelot es la obra ideal para generar un *cast recording* de éxito, porque lo más brillante y memorable que tiene es la música, la cual funciona incluso mejor como canciones sueltas descontextualizadas que dentro del loco hilo narrativo con el que acabaron. Yo, de hecho, conocía y adoraba la música antes de haber visto la obra completa, y cuando me senté a ver la grabación del *revival* de 1982 me quedé bastante tieso por lo torpe del libreto y cuán toscamente estaban incorporados esos absolutos temazos en la narrativa. Un mes antes de la salida a la venta del *cast recording*, la discográfica, Columbia, decidió aprovechar las expectativas que despertaba la obra y empezó a vender pequeñas fichas de nueve centímetros de diámetro en forma de pequeños vinilos con una funda tematizada, las cuales, cuando saliera a la venta, podrían ser intercambiadas por el LP en cuestión. Hay varias fuentes que confirman su existencia,[14] pero no he podido encontrar ninguna foto de ellas ni a nadie que venda una... Si las encontráis, me avisáis, necesito con urgencia ese pequeño vinilo de nueve centímetros de una manera que ni os puedo expresar con palabras... El *original Broadway cast recording* finalmente salió a la venta el 12 de diciembre del 1960, solo nueve días después del estreno, y fue un pelotazo. Fue el disco más vendido de todo el país durante seis semanas y se mantuvo entre los doscientos álbumes más vendidos durante más de cinco años. Evidentemente, uno de esos clientes fue Kennedy.

Ni el presidente comprando tu *cast recording* te puede salvar un musical que se hunde por su propio peso, pero un programa de audiencia masiva puede tenderte unos manguitos. En marzo de 1961 se cumplían cinco años del estreno del adorado nacionalmente *My Fair Lady*, por lo que Lerner y Loewe fueron invitados a generar un segmento en *The Ed Sullivan Show* para conmemorarlo. Este programa de domingo por la tarde era de los más vistos del país, con una media de 11,8 millones de espectadores en cada programa. Lerner y Loewe, preocupados por las ventas y queriendo ser reconocidos no solo por *My Fair Lady*, dedicaron el último tercio de la hora a *Camelot*. Tanto el trío protagonista de Richard Burton, Julie Andrews y Robert Goulet como los propios compositores cantaron cuatro de las canciones del musical para millones y millones de personas en la intimidad de sus casas. Según la propia Julie Andrews en sus memorias: «Había una electricidad palpable esa noche. La mañana siguiente, había una cola de gente fuera del teatro que daba la vuelta al bloque para comprar entradas. Las ventas se dispararon y, finalmente, *Camelot* era un gran éxito».[15]* El impacto de esta aparición televisiva estelar hizo que la obra pudiera durar un año y medio más en cartel; recordemos que la proyección inicial decía que cerraría en mayo de 1961, pero la última función acabó siendo el 5 de enero de 1963.

Camelot ocupa un lugar muy peculiar dentro del repertorio porque es una obra muy conocida actualmente, con canciones que viven en el imaginario colectivo anglosajón, pero su producción original no fue un éxito esplendoroso y ninguno de los *revivals* posteriores ha podido aguantar ni cuatro meses en cartel.[16] Su estreno en 1960 significa que ocupa una posición bisagra dentro de la historia del teatro musical: tiene lo mejor musicalmente de la Edad de Oro, pero narrativamente apunta hacia el futuro. Quizá esa es su debilidad, que no encaja completamente en los parámetros del momento, pero tampoco es suficientemente vanguardista como para ser apreciado como tal. La Edad de Oro de los musicales se suele delimitar entre 1943 (el estreno

---

* *There was palpable electricity that night. The following morning there was a line of people outside the theater and around the block queuing for tickets. Sales skyrocketed and Camelot was, at last, a big hit.*

de *Oklahoma!*) y 1964 (el estreno de *Fiddler on the Roof*) para describir una época en la que la mayoría de musicales exitosos compartían características como la integración fluida de las canciones a la trama, finales generalmente optimistas y una estructura narrativa lineal y coherente. Musicalmente, beben de la opereta europea, el jazz y la canción popular, con melodías voluptuosas tocadas por grandes orquestas y un uso frecuente de *leitmotivs*. *Camelot* cumple con nota todas estas características musicales: una partitura para treinta músicos que incluye metales para la fanfarria medieval, arpas para los momentos más etéreos y cuerdas para los pasajes de amor; *leitmotivs* durante toda la obra que son presentados en la obertura (por ejemplo, las tres notas del tema principal *Camelot* se escuchan en momentos clave con diferentes significados), y unas canciones con letras elegantes y poéticas que avanzan la trama. Por ejemplo: el intraducible «*The birds and bees with all of their vast amorous past gaze at the human race aghast*»[17] es a la par inteligente y modesto; es sensual sin ser explícito, y tiene una rima interna y una aliteración genuinamente apabullantes.

Por otro lado, en el momento de su estreno, fue la producción más cara de la historia de Broadway, con vestuarios y decorados muy lujosos y detallados en su ímpetu medievalista. La crítica destacó este despliegue plástico, de hecho, el crítico del *New York Daily News* la llamó «el gran espectáculo más bello que he visto jamás».[18] Esta fastuosidad visual y la autoseriedad de la trama alineaban a *Camelot* con sus predecesoras de los años cincuenta, pero sus tensiones dramáticas internas anticipaban los musicales más conceptuales que tanto éxito tendrán a lo largo de los sesenta y más allá. La obra tiene un desequilibrio de tono enorme: empieza el primer acto con comedia ligera y encantamientos, para contrastar como un cubo de agua fría en el segundo acto, lleno de tragedia e introspección moral, rompiendo completamente la suave uniformidad tonal típica de los musicales dorados. Esta ambición de mezclar registros anuncia la llegada de musicales más valientes y rompedores en su estructura y tono, como *Cabaret* (1966), *Hair* (1967) o muchas de las obras de Stephen Sondheim, una de las cuales te espera en el próximo capítulo. El final de la obra no es rotundo y celebrativo como solían ser en la época, sino que es altamente ambiguo y abierto, una especie de epílogo poético más que un cierre, en el que Arturo parece recuperar algo de su entusiasmo gracias al puto niño británico, pero la obra acaba justo en ese momento. Con todo, *Camelot* fue uno de los últimos grandes musicales «clásicos», el ocaso del esplendor de un viejo Broadway idealista y ligeramente ingenuo, que a su vez adelantaba la turbulencia teatral que trajo consigo la década que inauguró.

No dejes que se olvide que una vez existió un musical cuya letra fue el centro de la estrategia de mitificación de un presidente asesinado. Jackie Kennedy entendió algo que es central en este libro y que se ha de recordar: la influencia de los musicales no es unidireccional. Sí, son hijos de su tiempo y se inspiran en lo que sucede fuera de sus paredes, pero también tienen la capacidad de moldear esa realidad extramuros. Pueden interpelar directamente a los hombres recién llegados de la guerra para ser mejores, pueden fomentar o alterar estereotipos sobre ciertos sectores de la sociedad o pueden grabar a fuego sus letras en estrategias historiográficas de alto calibre político. *Camelot* es un espejo privilegiado del comienzo de la década de 1960, con su tensión entre el idealismo heredado de la posguerra y la inocencia perdida de un país inmerso en la Guerra Fría, con un presidente asesinado y con una tensión sociopolítica que estallaría con movimientos como el de los derechos civiles o el feminismo de segunda ola.

Aun sin haber sido un gran *hit*, *Camelot* se recuerda como tal, como un breve y brillante instante, una épica llena de melodías inspiradas. La forma en la que se te inscribe en la historia y en la narrativa pública tiene más impacto que los hechos crudos, algo que Jackie pareció entender cuando su conjunto rosa de Chanel se vio salpicado de sangre aquel viernes fatídico.

CAPÍTULO 4

COMPANY

UN BRINDIS POR LA SOLEDAD URBANA

What's a wedding? It's a prehistoric ritual where
everybody promises fidelity forever, which is maybe
*the most horrifying word I've ever heard.**

Esta sentencia lapidaria es una de las muchas afirmaciones catastróficas y pesimistas que hacen los personajes de *Company* sobre la institución del matrimonio. El personaje de Amy vomita esta perla en *Getting Married Today,*† una canción-metralleta propulsada por la paranoia en la que decide, justo antes de su boda, que no está preparada para dar el paso. Aunque no sabemos si esa palabra tan horripilante es *fidelity* o *forever*, claramente esta mujer no está preparada para aceptar los confines del casamiento. Sin embargo, unos minutos después, saliendo del estupor de la ansiedad, cambia de opinión y se va corriendo a dar el «sí quiero» a su prometido, al cual considera perfecto para ella. Es precisamente en esta tensión entre el pánico al compromiso y el anhelo

---

* «¿Qué es una boda? Es un rito prehistórico donde todo el mundo promete fidelidad eterna, que quizá es la palabra más horripilante que he oído jamás».

† «Casarme hoy».

de una relación profunda en la cual sucede toda la obra. El matrimonio se presenta constantemente como un arma de doble filo: por un lado es un proveedor de estabilidad en un mundo desorientador, pero también es una cárcel dentro de la cual son imposibles la autorrealización y la satisfacción personal.

Para explorar este complejo tema, la obra presenta una serie de viñetas inconexas cronológica y espacialmente, cuyo punto de partida es el trigésimo quinto cumpleaños del protagonista, Robert (Bobby para los amigos), un soltero neoyorquino un poco cínico y bastante picaflor. Durante la obra, sus cinco parejas de amigos casados le presionarán (con la misma vehemencia que le desalentarán) a sentar la cabeza, lo cual es curioso porque todas sus relaciones están en crisis o colapso. Al igual que *Anna Karenina*, *Company* parte de la premisa de que «todas las familias felices se parecen; cada familia infeliz lo es a su manera»[1] y cada viñeta nos deja curiosear por esas tristezas e insatisfacciones tan diferentes entre sí. Este musical es una mirada casi voyeurística a qué pasa cuando las lógicas de una ciudad fría, alienante y frenética interfieren con lo más humano que tenemos: la sensibilidad, el amor, el profundo deseo de que nos acompañen por nuestro camino vital. ¿Qué pasa cuando la búsqueda del amor se convierte en una tarea más en tu lista de cosas por hacer y cuando tu potencial pareja debe cumplir una serie de requisitos que has preestablecido como si fuera una nueva tostadora? *Company* es espejo y es crítica, nos muestra los valores emergentes de su época en torno a la soledad, las relaciones personales y el matrimonio con un humor tan ácido que a veces hasta duele. Más de cincuenta años después de su estreno, esta obra no solo sigue vigente, sino que más que nunca nos pega un puñetazo en la tripa y nos interpela para dejar de ser Tamagotchis emocionales y salir al mundo a dejarnos llevar y transformar emocionalmente.

Company es, en mi opinión como profundo admirador de Stephen Sondheim, el musical que le presentó oficialmente al mundo del teatro musical como una fuerza creativa revolucionaria. Aquí se establece el tono del resto de su obra, se introducen su música atípica y a veces desconcertante, su gusto por tramas con personajes complejamente imperfectos y su capacidad absolutamente única para tergiversar minucias del lenguaje como si fuera un orfebre de la palabra. Sus letras palpitan, quieren estallar de lo mucho que significan, de los mundos infinitos que contienen. He de admitir, ahora que estamos en *petit comité*, que me intimida hablar sobre él y su obra, porque nunca habrá suficientes palabras o análisis que me permitan describir cómo su ingenio ha atravesado mi vida de maneras fundamentales. Descubrir su obra en mi entrada a la adultez y escucharla obsesivamente fue mi gran salvavidas en ese momento tan turbulento y desconcertante, un faro en un mar oscuro lleno de hormonas y malas decisiones. Aunque ya había visto las cuestionables adaptaciones cinematográficas de sus otros musicales *Sweeney Todd* e *Into the Woods*, *Company* fue el primer musical suyo que vi como un adulto con el cerebro algo más desarrollado... y nada ha vuelto a ser igual. Sentí que alguien por fin miraba al mundo de la misma forma que yo, pero él lo había entendido y estaba dispuesto a explicármelo. Así lo hizo y le estaré eternamente agradecido. Sondheim fue un talento generacional, en mi opinión el mejor escritor del siglo XX y, si se hubiera dedicado a escribir novelas en vez de musicales, habría estatuas de él en las calles. Nunca olvidaré la noche que murió, el 26 de noviembre de 2021, en la que no pude dormir porque sentí que con él se habían muerto las palabras y no se me ocurría cómo las íbamos a recuperar. Este libro es mi intento más sincero de recuperarlas.

Company es el quinto musical de Sondheim como compositor y letrista, tras establecerse primero como letrista en *West Side Story* o *Gypsy*, y después de una serie heterogénea de éxitos y fracasos en solitario. Abrió sus puertas en Broadway el 26 de abril de 1970, inaugurando una década en la que la sociedad estadounidense estaba alterando su foco y empezando a mirar más hacia dentro, hacia el individuo. Tras la década de 1960, una época marcada en Estados Unidos por las movilizaciones colectivas —como los movimientos por los derechos civiles, las protestas masivas contra la guerra de Vietnam o la segunda ola feminista—, gran parte de la población empezó a experimentar cansancio y descontento. Existe la llamada «fatiga por compasión», que se refiere al drenaje emocional que surge cuando te expones constantemente al sufrimiento ajeno, lo cual es muy común en los procesos de lucha por el cambio. Como ninguna transformación social sucede rápido y de forma satisfactoria para todo el mundo, muchas grandes misiones ideológicas empiezan a colapsar cuando no tienen resultados tangibles a corto plazo. El péndulo social, que había sido empujado completamente hacia la utopía del cambio mediante la unión colectiva, no aguantó su propio peso y osciló hacia el otro lado completamente, llevando a la gente a mirar hacia dentro.

En 1976, el periodista Tom Wolfe acuñó la expresión «década del yo» (*me decade*)[2] para describir cómo la sociedad estadounidense, agitada tras la década de 1960, ahora se estaba volcando hacia la búsqueda de la realización personal, la autoexploración y el desarrollo del yo. La nueva utopía no era poder cambiar el mundo, sino poder rehacer la personalidad de uno mismo: remodelarla, pulirla, perfeccionarla. La identidad personal se empezó a concebir como algo maleable, que no solo se podía, sino que además se debía trabajar y perfeccionar mediante diversas formas de terapia, introspección y crecimiento personal. Esta «retirada hacia el yo» defendía que la única transformación significativa que se puede hacer es interior, no estructural. La flexibilidad individual se empezó a priorizar por encima de cualquier compromiso: la tasa de divorcios se duplicó entre 1965 y 1980 y la edad media del primer matrimonio también ascendió significativamente. Además, la proporción de hogares formados por una sola persona subió del 17,6 por ciento en 1970 al 22,7 por ciento en 1980,[3] llegando, en contextos urbanos como Nueva York, al 25 por ciento.[4] Esto significa que las poblaciones jóvenes estaban retrasando la formación de familias y de vínculos serios, y los ya existentes eran más frágiles.

Paralelamente, en la década de 1970 hubo un *boom* sin precedentes de la psicología y de los libros de autoayuda, lo cual es una respuesta a esta ansia cultural por la mejoría personal y la autorregulación. Por ejemplo, el libro *I'm OK – You're OK* del psiquiatra Thomas A. Harris alcanzó el número 1 en la lista de los más vendidos de *The New York Times* en 1972 y permaneció en ella casi dos años, vendiendo aproximadamente quince millones de copias. Títulos como este fueron leídos por amplias capas de la población en busca de una brújula que les indicara el camino hacia la felicidad, la seguridad o la realización personal. El movimiento de autoayuda no se limitó a los libros: surgieron seminarios y talleres de crecimiento personal que se hicieron extremadamente populares. Quizá los más emblemáticos del momento fueron los que ofrecía Werner Erhard mediante la Erhard Seminars Training. Fundada en 1971, esta empresa impartía intensos cursos en los que, durante sesenta horas divididas en dos fines de semana, los participantes buscaban romper sus barreras emocionales y encontrar su mejor versión. Estas sesiones de grupo rozaban lo sectario, con participantes que acababan gritando para tener una catarsis o haciendo grandes confesiones públicas con el deseo de «sanar». Los *coaches* actuales que te quieren vender su curso online de 3.000 euros mediante el cual vas a resolver todos tus problemas si cambias tu *mindset*, tus *goals* y muchos otros anglicismos son unos estafadores herederos de estos. Los psicólogos populares que vendían libros y cursos de autoayuda enfatizaron mensajes como «quiérete a ti mismo», «eres responsable de tu felicidad» o «libérate de las expectativas ajenas», lo cual se retroalimenta de esta mentalidad individualista tan expandida. Un uróboro del egoísmo.

Está fenomenal buscar activamente mejores formas de gestionar tu vida y tus vínculos —a mí personalmente la terapia me ha salvado la vida—, pero se puede caer en la trampa de obsesionarse por la autoprotección por encima de todo. Es importante saber poner barreras y no aceptar actitudes que nos hacen daño, pero también puede írsenos de las manos y acabar siendo incapaces de tolerar el mínimo malestar, desacuerdo o conflicto. Si priorizas tu paz interior por encima de todo, puedes acabar no sabiendo gestionar los inevitables encontronazos que tendrás con potenciales parejas, compañeros de trabajo o una señora en la cola de la frutería. No podemos escoger cuidadosamente todos los parámetros que nos rodean, no va a dejar de haber cosas que nos incomoden y nadie se va a adecuar perfectamente a nuestra lista interna de preferencias, así que es necesario aprender a filtrar qué nos es completamente intolerable y qué es simplemente un choque gestionable. Como apuntó el historiador Christopher Lasch en su libro de 1979 *The Culture of Narcissism*, corremos el riesgo de responsabilizarnos tanto a nosotros mismos de nuestro bienestar que olvidamos que también se sustenta en las redes de apoyo comunitario, amistoso o familiar, volviéndonos cada vez más solitarios. Porque estar solo es estar solo, no estar vivo... lo cual es una letra de *Company*, fíjate qué casualidad; es casi como si lo hubiera hecho a propósito.

El título de la obra nos dice mucho, porque todos los personajes están constantemente con otra gente, en fiestas de cumpleaños, en casa, en el trabajo, en el transporte público, en la ciudad en general. Se hacen *compañía*, pero todos están tan ensimismados que se sienten completamente solos. La ciudad de Nueva York se retrata como un personaje más, una especie de cinta transportadora infinita de personas donde todo el mundo se cruza pero nadie se conoce. Marta, una de las amantes de Bobby, canta *Another Hundred People*,* una canción que explica de forma brillante la dualidad de vivir en una «ciudad de extraños». Por un lado, tiene estrofas que retratan el ciclo constante de movimiento y renovación ciudadana: «Otras cien personas se han bajado del tren y han salido de la tierra mientras que otras cien se han bajado del bus y están mirando a otras cien personas que se han bajado del avión y nos miran a nosotros, que nos bajamos del tren y del avión y del bus quizá ayer».† Esta estructura tan repetitiva sirve para plasmar esa mezcla de asombro y agobio ante la incesante circulación humana, tanto en la ciudad como en nuestras vidas. Esto se alterna con secciones en las que habla sobre los excitantes encuentros que pueden suceder *precisamente* porque hay muchísima gente nueva constantemente entre la cual elegir, aunque siempre con un ligero cinismo. «Los que se quedan pueden encontrarse en las calles abarrotadas y los parques vigilados, al lado de las fuentes oxidadas y los árboles pol-

---

* «Otras cien personas más».

† *Another hundred people just got off of the train and came up through the ground while another hundred people just got off of the bus and are looking around at another hundred people who got off of the plane and are looking at us who got off of the train and the plane and the bus maybe yesterday.*

vorientos con las cortezas desgastadas».* En estas estrofas, la instrumentación se vuelve más densa y soleada, además de estar escritas para una zona más aguda de la voz, generando una sensación de optimismo musical que contrasta con esta letra tan pesimista sobre lo hostil de la metrópolis. Este choque entre palabra y música parece revelarnos que Marta, al igual que el resto de personajes, se está intentando autoconvencer de que le merece la pena vivir esta vida en esta ciudad, por miedo a buscar algo nuevo, por miedo a perderse algo. En cambio, cuando volvemos a las secciones sobre lo cíclico del transporte, la instrumentación es más íntima, liderada principalmente por una guitarra eléctrica y un piano, casi como si esto fuera su pensamiento interno genuino. Buscar el amor en una ciudad con millones de personas es ambivalente, porque, por un lado, estadísticamente será más probable encontrar a alguien con quien encajes, pero, por otro, ¿cómo coño lo encuentras? ¿Cómo te aferras a él si te rozas en el transporte público con miles de personas cada día? La obra no da una respuesta, se limita a plasmar este ciclo. Letras como «¿nos vemos el martes si no llueve?»† o «¿me recoges o nos vemos allí o deberíamos cancelarlo?»‡ nos pintan a unos ciudadanos tan sobrepasados que a la mínima inconveniencia, como la lluvia o una ligera falta de ganas, dejan ir una oportunidad de tener lo más humano que nos queda: los vínculos afectivos. Por miedo al compromiso, por miedo a hacerse daño o por miedo a sentir algo y no saber gestionarlo.

El otro gran factor que explica la soledad e insatisfacción de estos personajes es la infiltración de los valores del mercado en el

---

* *The ones who stay can find each other in the crowded streets and the guarded parks by the rusty fountains and the dusty trees with the battered barks.*

† *Can we see each other Tuesday if it doesn't rain?*

‡ *Will you pick me up, or do I meet you there or shall we let it go?*

terreno de lo afectivo. Desde los años setenta, diversos pensadores como Jean Baudrillard[5] o el ya mencionado Christopher Lasch señalaron que las lógicas del consumismo se habían infiltrado en la esfera de lo íntimo, desplazando la idea tradicional de compromiso estable hacia formas de relacionarse mucho más frágiles y contingentes. En una sociedad cada vez más centrada en la autonomía personal, el sacrificio y el compromiso a largo plazo empiezan a percibirse como una amenaza y una carga, como si fueran una hipoteca que te va a conllevar más recortes que beneficios. En un mundo regido por el usar y tirar y por la persecución de la gratificación y beneficio inmediatos, no hay espacio para la paciencia, para los pequeños pasos o para el beneficio de la duda. Esto significa que las relaciones se empiezan a medir con criterios de eficiencia, como si fuera una fábrica: hay que maximizar las ganancias emocionales, minimizar los costes afectivos y siempre mantener abiertas las opciones por si se te cruza algo mejor, lo cual no solo es posible, sino prácticamente inevitable en una ciudad con millones de personas solteras. De esta manera, la búsqueda de pareja se acaba asimilando a comprarte una hamburguesa en una cadena de comida rápida: llegas con unos criterios de exactamente qué quieres y existe una forma ideal de hamburguesa y miles de formas indeseables. «Quiero esta hamburguesa pero sin pepinillo y con cebolla pero con esta otra salsa y el pan lo quiero de este otro tipo y no pongas demasiada lechuga y ponme un extra de carne y la bebida que sea de naranja con mucho hielo y las patatas en formato grande pero sin sal y con mostaza». El problema es que las personas no son hamburguesas.

Bobby, constantemente insatisfecho en sus vínculos pero incapaz de entender por qué, está incurriendo exactamente en esa mentalidad insostenible, lo cual se cristaliza en *Someone is Wait-*

ing.* En esta balada expresa cómo le gustaría que fuera su pareja, haciendo una combinación de los rasgos favorables de sus amigas: cariñosa como Susan, tierna y tontorrona como Sarah, cálida como Joanne, dulce como Jenny. Le pide al universo «una Sarah tipo Susan, una Joanne algo Jenny»,[6]† como si se pudieran combinar cualidades (solo positivas) en un menú y hacer un pedido a Cupido que te llegue en dos o tres días laborables. Bobby es como Pigmalión: busca activamente esculpir a su mujer perfecta sin pensar si está genuinamente preparado para reciprocar ese cariño, calidez o ternura. Ninguna de las tres mujeres con las que tiene un vínculo cumple con todos sus requisitos; cada una satisface parcialmente una faceta de sus deseos (atracción física, complicidad amistosa, emoción urbana), pero él parece buscar continuamente algo mejor, o al menos nuevo. En un sistema de culto a la sorpresa, la única emoción deseable es el estallido del comienzo de una relación, equiparable al subidón que nos da el glutamato monosódico de los *snacks* de bolsa.

Pero ¿qué pasa cuando esos vínculos imperfectos e incompletos se formalizan y se convierten en matrimonio? Nada demasiado bueno, al menos según este musical. Amy tiene una crisis nerviosa el día de su boda y cambia varias veces de opinión sobre si se quiere casar con Paul; Joanne es tan cínica y odia tanto a su marido Larry que, borracha, le propone un *affair* a Bobby; Peter y Susan se divorcian pero deciden seguir viviendo juntos porque logísticamente es lo más conveniente; Jenny piensa que una persona no está completa hasta que se casa mientras que su marido David expresa deseos de sentir la libertad de la soltería; Sarah y Harry conviven en tensión constante, corrigien-

---

* «Alguien está esperando».
† *A Susan sort of Sarah, a Jenny-ish Joanne.*

do al otro toda minucia... Los diversos tipos de crisis matrimoniales que Bobby observa en sus amigos, aunque evidentemente no pintan una imagen integral de la institución del matrimonio, sí nos demuestran que, colectivamente, las actitudes hacia la misma estaban cambiando. Se estaba empezando a cuestionar si realmente era necesario dar el paso, por qué existe, si merece la pena quedarse incluso cuando ya no proporciona ningún placer...

La década de 1970 presenció lo que algunos sociólogos llamaron la «revolución silenciosa» en las costumbres matrimoniales. Además del aumento del divorcio ya mencionado, también hubo una caída en las tasas de matrimonio juvenil, un alza en las parejas que convivían sin casarse y un debate cultural amplio sobre el rol de la institución matrimonial. La contracultura *hippie* de finales de la década de 1960, altamente mediatizada aunque minoritaria a nivel participativo, presentó al público general la existencia de comunidades de amor libre en las que se rechazaba la monogamia. En 1972, el dúo de mujer y marido Nena y George O'Neill publicaron *Open Marriage: A New Life Style for Couples*,[7] en el que defendían la posibilidad de tener un matrimonio emocionalmente comprometido pero sexualmente no exclusivo. No era lo único que proponían, también hablaban de la importancia de aparcar los celos y dejar espacio a tu pareja para tener una vida independiente a la tuya, con amigos o aficiones propias; pero rápidamente la idea del «matrimonio abierto» se asoció con la no monogamia. Esta idea podría sonar radical e inaceptable para la época (a día de hoy sigue costando entenderla), pero este libro vendió millones de copias, se mantuvo cuarenta semanas en la lista de *The New York Times* de libros más vendidos y los autores hicieron muchísimas apariciones televisivas, por lo que claramente la idea conectó con alguna sensibilidad o necesidad del momento. Este cambio de mentalidad también vino acompañado de reformas legales: California aprobó en 1969 la primera ley de divorcio sin culpa (*no-fault divorce*), que eliminaba la necesidad de demostrar una falta conyugal para disolver el matrimonio. Esta ley facilitó que muchas uniones infelices se disolvieran con menos trabas, reduciendo la presión de mantener compromisos que no funcionaran simplemente porque una vez se prometió que sería hasta la muerte.

Este exploración tan incisiva, tan detallada y tan profunda de los vínculos sería casi imposible de incorporar en una trama tradicional, como las de los *book musicals* que hemos visto hasta ahora, con su argumento lineal y canciones integradas de forma fluida a una trama. Por lo tanto, Sondheim y el libretista George Furth decidieron optar por un formato mucho más experimental y disruptivo, que les permitiera desarrollar lo complejo de este tema, más que contar una historia coherente. De hecho, Furth originalmente escribió estos diálogos como once obras de texto independientes, pero el visionario director Hal Prince vio la posibilidad de entretejerlas para crear un musical. El resto es historia. *Company* se convirtió en el primer gran musical conceptual, una obra cuyo objetivo es explorar una idea central en vez de narrar una historia cronológica o temáticamente progresiva. La ausencia de argumento coherente es brillante porque nos revela una vida hecha de pedazos inconexos, relaciones pasajeras y observación externa, no hay nada en la vida de Bobby que sea continuo o lineal. La forma refleja el contenido y las escenas se viven como retazos de memoria o incluso imaginaciones, hasta el punto de que Sondheim dijo que «te puedes imaginar el *show* entero sucediendo en un instante en la cabeza de Robert, quizá en el diván del psiquiatra».[8] Cada escena es una minisesión de terapia, en la que sus amigos le dan consejos y él observa sus dinámicas turbias. Se ha de decir que no fue el primer musical conceptual, había antecedentes como *Allegro* (1947) de Rodgers y Hammerstein o *Love Life* (1948) de Kurt Weill y Alan Jay Lerner, pero *Company* fue el primero en integrar su tema en cada momento y abandonar completamente la linealidad. La puesta en escena también fue muy innovadora y utilizó un lenguaje visual abstracto y simbólico, como reflejo del tono y formato de la narrativa. En lugar de escenarios figurativos o realistas, se presentaba un espacio dominado por plataformas elevadas, estructuras modulares, elementos transparentes y dos ascensores reales que subían y bajaban a los actores por plataformas que representaban un Manhattan estilizado. La escenografía estaba construida principalmente de plexiglás y acero, generando cubos y cabinas diáfanas, para mostrar físicamente cómo los personajes viven cerca pero aislados, retraídos pero expuestos.

La crítica tuvo opiniones dispares: aplaudieron su brillantez, su formato innovador y sus letras complicadas, pero también lo consideraron demasiado cerebral e insensible. Walter Kerr, crítico de *The New York Times*, dijo que *Company* «optaba por el rigor intelectual a expensas de la calidez emocional, dejando al público admirando la técnica pero sintiéndose demasiado frío, cínico y distante».[9] Murió antes de que yo naciera, pero ojalá pudiera hablar con él para decirle que, si no le da el coco para más y no es capaz de dejarse llevar emocionalmente por el poder transformador de la música rara y las parejas inestables, haga introspección, gestione y resuelva. Como se pudo leer sobre las tetas de Charli XCX en su famosa camisetita rosa en 2022: «No se construyen estatuas de críticos». Aunque ahora mismo uno de los teatros de Broadway se llama Walter Kerr... Pero no quiero hablar de ello. Independientemente de los críticos, *Company* obtuvo un récord de catorce nominaciones a los Tony de 1971, y ganó seis, incluyendo los cinco más importantes: Mejor Musical, Mejor Libreto, Mejor Música, Mejores Letras y Mejor Dirección. El público, mayoritariamente adultos neoyorquinos con vidas y preocupaciones similares a las de los personajes, sí se sintió identificado e interesado, por lo que acabó durando casi dos años en cartel: setecientas quince funciones y doce previas entre el 26 de abril de 1970 y el 1 de enero de 1972. Esto es todo un hito teniendo en cuenta que la mayoría de los musicales conceptuales anteriores habían fracasado y que no había un elenco estelar ni un equipo creativo ampliamente reconocido por el público general. Elaine Stricht, la Joanne original, llevaba décadas haciendo musicales tanto en Broadway como en giras, por lo que pudo ser un reclamo para el público especializado, pero no era todavía la leyenda en la que se convertiría. Sondheim ya había tenido éxito como el letrista de *Gypsy* y *West Side Story*, y uno de sus primeros musicales, el mucho más tradicional *A Funny Thing Happened on the Way to the Forum* (1962), había conseguido seis Tony y se había mantenido algo más de dos años en cartel. Con esto quiero decir que el éxito es relativo y, aunque duró más o menos lo mismo en Broadway que *Camelot*, es más sorprendente en este caso debido a su formato inusual, su música densa y la ausencia de megaestrellas adjuntas. No tenía las probabilidades de su lado, pero es innegablemente una obra maestra y el público, al contrario que algunos críticos, no es imbécil y apreció ver los cambios sociales que afectaban a sus vidas plasmados en el escenario con tanto ingenio.

Company, incluso con todo su cinismo y pesimismo humorístico, ofrece un respiro final: acaba en una nota catártica que invita al público a cambiar, a recordar lo insostenible que es vivir como Bobby. *Being Alive,** la canción que cierra el musical, es la explosión de una persona que ha estado toda la obra ignorando

---

* «Estar vivo».

lo que siente o no sabiendo entenderlo, priorizando lo pasajero y lo «útil» por encima de lo transformador, de lo real. La canción comienza de manera cacofónica con las voces de todos sus amigos solapándose, diciendo su nombre: Bobby, Bobby baby, Robert, Bob-o, Bobby bubi... Hemos escuchado este motivo varias veces durante la obra, como si de alguna forma fueran todas las expectativas sociales que le jalan en diferentes direcciones: cásate, no te cases; ten novia, mejor quédate soltero; disfruta de la juventud, te estás haciendo mayor. Arremete contra estas voces con un vehemente «*stop*». Pregunta «¿qué consigues?»,* siguiendo en su línea de entender el amor como una transacción que te tiene que aportar un beneficio. Aquí, empieza a enumerar en lo que cree que consiste una relación, de lo que se está intentando proteger: «Alguien que te sujete demasiado cerca, alguien que te haga un daño demasiado profundo, alguien que se siente en tu silla y te arruine el sueño».† Las voces de su cabeza o sus amigos, según lo quieras entender, le hacen cuestionarse lo frío y analítico que está siendo: «Eso es verdad, pero hay más que eso», «Es mucho mejor vivirlo que mirarlo».‡ La frase que resume el problema central, que le dice Peter, es: «No tengas miedo de que no sea perfecto, la única cosa que te debería dar miedo es que no sea».§ Está tan centrado en encontrar una pareja que cumpla todas sus expectativas preestablecidas que va perdiendo por el camino oportunidades fascinantes de sorprenderse por el amor, de dejarse llevar.

---

* *What do you get?*

† *Someone to hold you too close, someone to hurt you too deep, someone to sit in your chair, to ruin your sleep.*

‡ *That's true, but there's more than that» / «it's much better living it than looking at it.*

§ *Don't be afraid that it won't be perfect, the only thing to be afraid of is that it won't be.*

Hemos vuelto a su trigésimo quinto cumpleaños, con el que empezamos la obra, y Amy le pide que sople las velas y *desee* algo. Aquí tiene una epifanía: ha estado *buscando* todo este tiempo, pero no *queriendo*, por lo que se admite que los puntos negativos que ha enumerado al principio son precisamente lo que hacen que las relaciones sean excitantes y nos hagan sentir vivos. Pasa del miedo y la apatía al deseo más torbellínico: quiere sentir, ser querido de una forma descontrolada y sin remedio porque la soledad no es un sistema sostenible a largo plazo, estamos hechos para existir en comunidad, no solo en *compañía*. «Confúndeme, hazme burla con halagos, déjame ser usado, varía mis días. Pero solo es solo, no vivo. [...] Siempre estaré ahí, tan aterrorizado como tú para ayudarnos a sobrevivir el estar vivos».*

Company nos interpela para no caer en la trampa del cinismo y del egoísmo que nos vuelve cada vez más solitarios. El amor y el compromiso no pueden ser entendidos como transacciones que constantemente tienen que aportarnos beneficios y una satisfacción impoluta. El amor tiene que mantenernos excitados precisamente por sus contradicciones, por el dolor, por la duda, por el júbilo, por el sexo, por lo cotidiano, por lo extraordinario, por el estar aquí y ahora sintiéndonos la persona más viva del mundo. *Being Alive* es un final agridulce porque no sabemos qué será ni de él ni de sus amigos, pero ha entendido una verdad fundamental que muchos en el patio de butacas hemos olvidado, sea en 1970 en Broadway o en 2018 en Londres, donde yo presencié el *revival* dirigido por Marianne Elliot y salí absolutamente transformado. Stephen Sondheim y George Furth consiguieron algo

---

* *Make me confused, mock me with praise, let me be used, vary my days. But alone is alone, not alive. [...] I'll always be there, as frightened as you to help us survive being alive.*

extraordinario con esta obra: mostrarle al público en poco más de dos horas cómo los cambios sociales a nivel macro estaban colándose con brutalidad en lo más micro que tenemos. Pero también nos ofrecen una salida: se puede resistir al sistema que nos quiere planos si llevamos el corazón en la mano y lideramos con nuestros anhelos más profundos. Aunque pueda ser terrorífico, querer de manera profunda y vulnerable es lo único que puede ayudarnos a sobrevivir el estar vivos.

CAPÍTULO 5

CATS

RONRONEANDO ENTRE BILLETES

There's a fucking asshole in there! There's buttholes!*

Esta cita textual se la dijo un editor de la película de *Cats* (2019) a la revista *Vanity Fair*.[1] Le nombraría pero, por razones obvias, este héroe del pueblo prefirió mantener el anonimato. Ahí fuera, en algún disco duro, quizá en alguna nube, existe una versión de la película en la que estos gigantes gatos antropomórficos parecen tener «genitales femeninos muy peludos» y «ojetes». Esto se debe a un fallo de edición, ya que la tecnología de pelo digital que estaban usando era tan nueva y la tuvieron que implementar con tan poco tiempo que a veces generaba imágenes desconcertantes. En un impulso de racionalidad que no encontraremos en el resto de la producción de la película, se contrató a una persona cuyo trabajo fue específicamente borrar los ojetes del corte final... pero no pudo salvar el absoluto descarrile que es la combinación del resto de elementos. Cucarachas y ratones bailarines con caras

* «¡Hay un puto ojete ahí! ¡Hay ojetes!».

humanas mal puestas, un subtono desconcertantemente sexual, gatos con abrigos hechos de pelo de gatos, Taylor Swift con tetas felinas, cuerpos de bailarines que van a diferentes fotogramas por segundo que los fondos y un tono constantemente fluctuante entre intentos de comedia y la más absoluta seriedad... No hay por dónde cogerla. Esta adaptación nunca debió existir, ya que *Cats* es probablemente el musical más *necesariamente* teatral. Los productores de la película decidieron ignorar completamente las diferencias entre las capacidades del cine versus el teatro, lo que dio como resultado esta pesadilla llena de neones y boles de leche. Por culpa de la ceguera del billete acabaron perdiendo alrededor de cien millones de dólares... y yo sonreí. El fracaso de la película de *Cats* contiene una moraleja sobre lo particular del teatro y sobre por qué hay ciertas historias que solo funcionan en un formato y en una época concreta.

Cats, el musical, fue estrenado en 1981 en Londres y bajó su telón tras veintiún años y 8.949 funciones, lo que lo convirtió, en ese momento, en el musical más longevo en el West End londinense. Un año después, se estrenó en Broadway, donde duró dieciocho años y 7.485 funciones. *Cats* fue más que un musical, se convirtió en un fenómeno cultural que traspasó las paredes de los teatros. Para que te hagas una idea, en 1984, el departamento de transporte del gobierno de Estados Unidos escogió al elenco de *Cats* para protagonizar su anuncio sobre seguridad vial infantil. En él, estos gatos humanoides presencian un accidente de coche y le piden al espectador que le ponga el cinturón a su hijo para que no se muera y se convierta en un «recuerdo»... una referencia a *Memory*, la balada más famosa de la obra. En 1986, la Asociación Estadounidense del Pulmón hizo otro anuncio, donde los susodichos gatos hablan del asco que les da el tabaco mientras se contonean sugerentemente alrededor de un cenicero gigante. Ambos anuncios parecen sacados de las pesadillas que uno tiene tras haberse pasado de vino blanco en la cena. Fuera del mundo anglosajón, se ha producido en más de treinta países y traducido a más de quince idiomas, incluyendo al castellano para su versión madrileña de 2003, producción que yo mismo vi a mis seis años y me generó un alto desconcierto, un ligero pánico y también algo de curiosidad fantasiosa. No soy una persona de números, pero os puedo confirmar que todas estas anécdotas y cifras nos hablan de: un éxito, un pelotazo, una máquina de imprimir dinero. ¿Qué ha convertido a *Cats* en uno de los musicales más exitosos de la historia? Te puedo asegurar que su trama no, porque es tan simple que podría resumirse en:

Una vez al año, una tribu de gatos callejeros llamados Jellicles deciden cuál de ellos tendrá el honor de morir y ascender a su idea del más allá, el Heaviside Layer.

Cats es un musical conceptual y su estructura recuerda más a la revista española que a un musical tradicional: consiste en una serie de números inconexos en los que, uno a uno, cada gato se presenta y se propone a sí mismo o a otro para ser el sacrificado. Esta loca estructura en viñetas no parece gritar: «Guau, idea perfecta para un musical que genere millones y millones de dólares», pero en eso se convirtió. La única persona que creyó en su potencial fue nada más y nada menos que su compositor, Andrew Lloyd Webber. Este prolífico y melodramático británico venía de una serie de éxitos con *Joseph and the Amazing Technicolor Dreamcoat* (1968), *Jesus Christ Superstar* (1970) y *Evita* (1976), por lo que estaba especialmente confiado. El letrista de esos tres musicales fue el icónico Tim Rice (*The Lion King, Beauty and the Beast*), pero Lloyd Webber y él tuvieron algún tipo de disputa, a día de hoy desconocida, por lo que decidió seguir su corazón y que su próximo musical estuviera basado en el poemario que su madre le leía de niño: *El libro de los gatos habilidosos del viejo Possum* de T. S. Eliot. Este autor, ganador de un Nobel de Literatura en 1948, había recibido múltiples ofertas para adaptar esta serie de poemas a diferentes formatos, a lo cual se negó siempre. Como mucho, hubiera permitido que se hiciera un *ballet* basado en ellos, ya que su falta de estructura narrativa podría encajar en este medio. Pero T. S. Eliot cometió un grave error: morirse. Su viuda, Valerie Eliot, heredera de su patrimonio, le vendió los derechos a Lloyd Webber para el musical, tanto del poemario como de piezas nunca antes publicadas, como *Grizabella, the Glamour Cat*, a la cual le debemos *Memory*. Y así comenzó la composición de *Cats*: con una traición matrimonial póstuma, una serie de poemas felinos y un brillo en la mirada.

Una vez compuesto, Lloyd Webber se lo presentó a diversas personas del mundo del teatro musical, en búsqueda de productores, directores, coreógrafos, etc. No fue un proceso fácil, en el camino tuvo que rehipotecar su casa para financiar este delirio gatuno que nadie parecía comprender. Una anécdota que resume muy bien cómo fue recibido nos llega de la mano de Hal Prince, icónico director y productor de *West Side Story*, *Company* o, posteriormente, *The Phantom of the Opera*. Cuando escuchó la música, Hal Prince recuerda que su conversación fue algo así:

> Lo escuché todo y dije: «Andrew, ¿es esto algo que no entiendo? ¿Es esto sobre la reina Victoria? ¿Ella es la gata principal y Disraeli y Gladstone[2] son otros gatos? Y luego hay gatos pobres. ¿Se me está pasando algo?». Él hizo una terrible, dolorosa y larga pausa y dijo: «Hal, es sobre gatos». Y nunca volvimos a hablarlo.[3]

Entonces, ¿cómo un musical con un formato tan antiintuitivo que recibió tanta oposición durante su escritura se convirtió en la obra icónica que conocemos hoy? Veamos. Su producción original, tan icónica que casi todas las versiones internacionales han sido réplicas,[4] finalmente fue dirigida por Trevor Nunn y coreografiada por Gillian Lynne. Estas dos personas le dieron a la obra, respectivamente, sus dos elementos más icónicos. Por un lado, fue idea de Trevor Nunn incluir la canción *Memory*, ya que sentía que la función necesitaba un corazón, un ancla emocional. Basándose de forma libre en tres poemas de T. S. Elliot, Nunn escribió la letra de esta balada estratosférica. Gracias a *Memory*, toda la trama se da la vuelta casi al final de la obra: hasta ese momento, Grizabella era una gata vieja y «pasada» a la que todos maltrataban, pero esta canción les demuestra de forma tan implacable su tristeza e insatisfacción que deciden que ella merece ascender a la Heaviside Layer. Este himno tan inequívocamente ochentero traspasó los confines de la obra y ha sido grabado profesionalmente cientos de veces. Barbra Streisand grabó en 1981 una versión que se popularizó internacionalmente, hasta el punto de que mi madre estaba convencida de que la canción era de Streisand, lo cual nos generó una tonta discusión hace años. Al carecer de una trama sólida o de un claro protagonista, *Cats* no busca necesariamente que empatices con sus personajes, sino que te impresionen y te entretengan; pero *Memory* le dio ese *chimpún* final que necesitaba para que salieses del teatro con algo a lo que aferrarte sentimentalmente.

Por su parte, Gillian Lynne creó en su coreografía un lenguaje visual muy único. No se intenta imitar exactamente a gatos, sino aludir a su forma de moverse mediante la agilidad, la flexibilidad, la elegancia o la rapidez, en un entramado de danza clásica, contemporánea y jazz. Es muy difícil textualizar el movimiento, pero yo creo que me entiendes. La danza es narrativa, nos cuenta cosas sobre los personajes, quiénes son y cómo existen en su entorno, lo cual es clave en un musical tan coral y tan carente de personajes complejos. Esto también significa que no hace falta entender el idioma en el que están cantando para disfrutarlo, lo que lo hace especialmente interesante para los turistas internacionales, que forman un porcentaje importante del público en Broadway.[5] La poca historia que tiene se cuenta principalmente de forma visual y musical; es más un *ballet* en el que se canta que un musical en el que se baila. Esta preponderancia de la espectacularidad visual y musical sobre el texto fue revolucionaria en su momento y abrió el camino para el éxito posterior de obras como *The Lion King* (combina una historia universalmente conocida con despliegue escenográfico) o *Mamma Mia!* (una oportunidad de escuchar la archiconocida música de ABBA en directo, con independencia de la trama).

De hecho, estos dos musicales no existirían sin *Cats*, ya que este supuso un punto de inflexión en la historia del teatro musical al introducir un nuevo tipo de obra: el megamusical. Este modelo de espectáculo tiene una serie de características concretas: la estructura narrativa es mínima, hay un marcado y potente elemento visual (en escenografía, coreografía, iluminación, efectos escénicos...) y la música es grandilocuente y memorable. Se prioriza lo musical sobre lo textual y lo sensorial sobre lo psicológico, convirtiendo al megamusical en un producto perfecto dentro de las lógicas capitalistas: es altamente rentable porque es estandarizable (con las producciones réplica) y políticamente neutral para no ahuyentar a ningún potencial cliente-espectador. *Cats* es un ejemplo paradigmático de cómo el arte puede adaptarse a un sistema económico que privilegia el consumo y el impacto sensorial por encima del pensamiento: ni siquiera hace falta entender el idioma en el que se canta para disfrutarlo. Eso es muy fuerte. Ser políticamente neutral, un lienzo en blanco ideológico para el consumo, también es una forma de posicionarse, lo cual además tiene mucho sentido en el contexto económico, político y social del Reino Unido del momento.

La controvertida figura de Margaret Thatcher había ascendido al poder como primera ministra en 1979, con un programa político que buscaba privatizar absolutamente cada rincón del país. ¿Un trozo de césped en Mánchester? ¿Un vaso de cerveza en Liverpool? ¿El derecho de una persona gay a existir? *Pa* la saca. La Thatcher fue revolucionaria al demostrar que las mujeres no tienen por qué someterse a los roles tradicionales de cuidados, benevolencia, amabilidad y filantropía; decidió sacrificarse por la causa feminista siendo un pedazo de puerca clasista y misógina para así ampliar el horizonte de expectativas femenino. Brava. Su programa neoliberal defendía la mínima intervención del Estado en la economía y la privatización de empresas y servicios públicos. Esto afectó muy directamente a las artes, las cuales, hasta entonces, habían recibido bastantes ayudas del gobierno. Las políticas implementadas por el Partido Laborista durante y después de la Segunda Guerra Mundial defendían que el arte era un bien público, que tenía un valor educativo y democrático. En 1940, se estableció el Council for the Encouragement of Music and the Arts (Consejo para el Fomento de la Música y las Artes), seguido por el Arts Council of Great Britain (Consejo de las Artes de Gran Bretaña) en 1946. Aunque en principio los mayores beneficiados por estas iniciativas y financiación pública fueron las instituciones con mayor prestigio, como la Royal Opera House, poco a poco se fue diversificando el apoyo. Las ayudas públicas al arte promueven la experimentación y el riesgo artístico, al permitir la creación de obras que no sean completamente dependientes de la facturación en taquilla y de gustar al máximo público posible. Por el contrario, en la Inglaterra thatcheriana, el teatro musical tuvo que buscar nuevos modelos de producción que fueran sostenibles, rentables y autofinanciados... O sea, *Cats*.

Este felino musical no solo encaja con los preceptos industriales del momento, sino también con los estéticos. *Estético* en su doble acepción: tanto la disciplina que estudia la filosofía del arte como lo que concierne a las preferencias visuales. Por lo que respecta a la primera, *Cats* se estrenó en plena posmodernidad, un concepto cuyos orígenes pueden rastrearse en las décadas de 1950 y 1960, pero que se consolidó culturalmente a partir de las de 1970 y 1980. En su libro de 1991 *Postmodernism, or, the Cultural Logic of Late Capitalism*, el crítico Fredric Jameson habla sobre cómo el capitalismo tardío afectó al tipo de arte que se producía. El arte de la posmodernidad se basa, principalmente, en el colapso de las tajantes distinciones entre alta y baja cultura, la fragmentación narrativa, la preponderancia de lo espectacular por encima de lo racional y el uso constante de citas y referencias... ¿Se te ocurre un musical que encaje mejor que *Cats* en esta definición? Por un lado, hibrida varios géneros de diverso caché cultural como la poesía infantil de T. S. Elliot, el *ballet* y la música pop desde su desconcertante obertura llena de sintetizadores. Los personajes no tienen profundidad, el tiempo y lugar son indeterminados, generando un universo autónomo que no tiene que ver con la realidad, otra de las claves de la posmodernidad.

Por lo que concierne a la segunda acepción, *Cats* en su lenguaje visual es una respuesta también a las transformaciones mediáticas de los años ochenta, particularmente la revolución que supusieron los videoclips, algo a lo que Andrew Lloyd Webber, en un momento de brillantez y casi videncia, se adelantó. La MTV nació escasos tres meses después del estreno de *Cats* y, con ella, una nueva cultura de la imagen, que pasó de ser un simple complemento de la música a su manera principal de promocionarse. Aunque algunos artistas previos con grandes presupuestos habían hecho vídeos promocionales para sus *singles*, como los Beatles o David Bowie, la MTV supuso una revolución al emitir exclusivamente videoclips las veinticuatro horas del día, convirtiéndolo en el lenguaje dominante de la cultura de masas de los años ochenta. El videoclip impone una estética de montaje rápido, impacto inmediato, narrativas fragmentadas y estilización extrema, con todos los elementos trabajando por un mismo fin: capturar la atención del espectador. Propongo una idea: *Cats* es en realidad una serie de videoclips en directo, son inconexos narrativamente, autónomos estéticamente y muy llamativos. Su espectacularidad es el resultado de una transformación más profunda: el paso de una cultura basada en el texto a una cultura basada en la imagen. Su lenguaje no es el de la dramaturgia clásica que se había visto en los escenarios hasta entonces, sino el de la estética audiovisual de los años ochenta: hipnótica, llena de licra y calentadores, efímera y global.

En momentos en los que sucede un cisma cultural y político tan grande como en el paso de los años setenta a los ochenta, se presentan dos opciones. Por un lado, el arte puede politizarse, promover el pensamiento crítico y la preocupación por el legado de nuestro presente cambiante. Por el otro, lo abrumador de los cambios puede conllevar un arte fácil de consumir, masticado y con ímpetus de evadir al público. La primera opción, en teatro musical, se cristaliza en la inteligencia y la densidad de las obras de Stephen Sondheim, cuyo *Sunday in the Park with George* (1984) es la antítesis en absolutamente todos los sentidos de *Cats*. La segunda ruta es la que tomó Andrew Lloyd Webber, cediendo a los gustos de un público cada vez más despolitizado, en sus ansias de convertirse en asquerosamente rico. Y lo consiguió, a día de hoy es el compositor más rico del mundo, con un patrimonio que asciende a más de mil millones de euros. Ojo, esto no le quita mérito como creador; no es nada fácil hacer un producto muy fácilmente consumible pero que a la vez tenga el suficiente gancho para ser llamativo sin ser condescendiente. *Cats* fue un riesgo enorme porque iba en contra de todas las reglas y códigos que se habían ido estableciendo desde el nacimiento del teatro musical. Hay que tener altas dotes de previsión cultural para entender qué tipo de historias quiere ver el público, además de generar melodías fáciles pero memorables para que salgas silbando del teatro. Crear un *hit* es engañosamente difícil, por eso hay tan pocos megamusicales. Ahora bien, los que hay duran décadas en cartel y los conoce hasta la gente que odia los musicales. Vamos, supongo, yo no hablo con ellos.

Como te podrás imaginar, tal fenómeno cultural y de taquilla tiende a invitar a la mesa a dos diablitos: la avaricia y su prima, el ímpetu descosido de adaptarla a otros formatos para intentar replicar la impresión de billetes. De hecho, la versión cinematográfica de 2019 llena de ojetes peludos no fue el primer intento de llevarlo a la gran pantalla. A principios de los años noventa, Steven Spielberg desarrolló con su estudio de animación Amblimation una idea para adaptar *Cats* a una película animada. Se han filtrado los bocetos, los cuales muestran unos diseños de los personajes y escenarios bastante oscuros, estilizados y casi brechtianos.[6] La quiebra de Amblimation y su consecuente disolución dejaron el proyecto en el aire. El hecho de que se mantuviera durante décadas en un limbo de desarrollo cinematográfico, aún con varios intentos de avanzarlo, debería ser suficiente indicador sobre lo inadecuado que es este material para el cine. Pero no fue así, oh no.

El teatro es un formato que no solo requiere de, sino que prospera en, la abstracción. El público es un partícipe activo y simultáneo de la representación, llenando los huecos que el propio medio es incapaz de cubrir. Un cubo negro puede ser el ataúd del abuelo, la última silla que queda en una casa tras una tormenta o la cabeza de san Juan Bautista. Un actor puede interpretar a un tatuador o al presidente, pero también al viento que acaricia un abedul en Finlandia, un pájaro carpintero o un tenedor giratorio de plástico. Mientras haya una coherencia en lo que se nos presenta, todo es posible. Nos lo creemos porque queremos creer y entendemos las limitaciones técnicas del medio. Decidimos, como público, como conjunto, que un fondo de papel azul es el cielo, una peluca es el pelo que le sale naturalmente de la cabeza a esa actriz y esa marioneta de madera manejada por tres personas es un caniche. Sabemos que no es la realidad, pero *escogemos* ignorarlo. Esto se conoce como la suspensión de la incredulidad, un concepto que fue acuñado en 1817 por el poeta y filósofo Samuel Taylor Coleridge. La suspensión de la incredulidad es la capacidad de ignorar conscientemente el pensamiento crítico y el conocimiento que tenemos de la realidad para aceptar y sumergirnos en una obra de ficción. *Cats* funciona en un escenario porque estamos dispuestos a creer que un bailarín que mide 1,90 m cubierto de maquillaje y un prieto maillot de licra con calentadores peludos es nada más y nada menos que un gato callejero. Nos creemos además que estos gatos tienen tantas ganas de morirse en esta noche tan especial que no tienen otra opción que cantar y bailar para proponerse como el elegido. Su estructura en viñetas inconexas se perdona gracias a la adrenalina del directo y lo inmersivo del espectáculo teatral, que te transporta a un mundo diferente, guiado por la imaginación.

El cine, en cambio, es un medio mucho más literal, lo cual hace que adaptar un musical al cine sea siempre muy complicado, porque no hay nada racional o literal en cantar porque los sentimientos son demasiado fuertes para ser expresados por la palabra hablada. Aun así, el cine posee muchas herramientas que el teatro no. Por ejemplo, la posibilidad de grabar en muchas localizaciones significa que no se tiene que «aludir» a un cambio de lugar, sino que se puede genuinamente trasladar a otro sitio, pudiendo alternar escenas entre un Burger King, la Alhambra y un *tuktuk* a 150 km/h en Sri Lanka. Además, la posproducción de imagen y sonido permite crear sin límites todo tipo de mundos o criaturas, generando un tipo de inmersión que deja poco espacio para la abstracción, porque se te puede dar «todo hecho», no tienes que llenar demasiados huecos como espectador. El cine es una experiencia casi voyeurística, se nos tiene que generar la sensación de que lo que estamos viendo es real, por eso nos choca tanto cuando hay un error de continuidad o se rompe la cuarta pared. En cambio, en el teatro, si hay un error se entiende y se acepta, y si un actor rompe la cuarta pared, no sorprende demasiado porque está físicamente ahí.

Otro de los elementos clave que diferencian a estos dos medios es el encuadre, una de las herramientas más potentes que tiene el cine. El encuadre se refiere a la composición visual de los elementos dentro de una toma. Una misma escena se puede grabar de maneras prácticamente infinitas, ya que hay que decidir a qué distancia se pone la cámara, qué tipo de lente se usa, si es un plano estático o si la cámara se moverá, dónde está el sujeto con respeto a la cámara... Y, en particular, el cine permite la cercanía, el primer plano, estar incluso incómodamente cerca del sujeto gatuno. En este sentido, el cine se parece más a la literatura que al teatro, porque hay un *encuadre* muy claro, que dibuja una línea tajante entre lo que podemos ver y lo que no. En el teatro, se podría considerar que el encuadre es la escenografía y los movimientos en el espacio, lo cual puede guiar tu mirada, pero no forzarla. Si quieres mirar al gato naranja en vez de al marrón durante la coreografía, puedes hacerlo. En el cine, si el encuadre solo incluye al naranja, no puedes hacer otra cosa, esa decisión se ha tomado activamente por ti, con un propósito. Todas estas posibilidades técnicas que tiene el cine, en apariencia infinitas, hacen que el público cinematográfico tenga una expectativa de verosimilitud y de coherencia narrativa.

Explicado todo esto, creo que es evidente por qué *Cats*, la película, estaba condenada incluso antes de existir. Pedirle a una audiencia cinematográfica que acepte que estos personajes tienen que bailar y cantar con el único propósito de elegir cuál se muere, sin trama más allá, es pedirle demasiado. Pedirle que mire a estas criaturas humanoides medio gatunas a medio hacer y se crea que son gatos es pedirle algo imposible. Pedirle que acepte que esos entes miren a cámara y le hablen directamente es casi violencia, y pedirle que mire un primer plano de estos felinos de dos metros lamiendo sensualmente un bol de leche es terrorismo. De alguna forma, el director y coguionista, Tom Hooper (director del descarrile de menor escala de 2012 *Les Misérables*), debía de ser consciente de lo inapropiado de esta historia para el cine, lo cual infiero porque se inventaron una protagonista para intentar redondear un poco la trama: Victoria, personaje que ya existía en el escenario pero solo como bailarina. Se decidió convertirla en una especie de intermediaria para el público, ya que vamos descubriendo el mundo de los Jellicles a través de sus desconcertados ojos tras ser abandonada por sus dueños humanos. El guion intenta torpemente que empaticemos con Victoria dándole una nueva balada escrita entre Andrew Lloyd Webber y Taylor Swift: *Beautiful Ghosts*.* Este intento (y fracaso) absolutamente trans-

---

* «Bellos fantasmas».

parente de ganar un Oscar nos cuenta cómo Victoria se siente fuera de lugar... porque los otros Jellicles se conocen... y ella es nueva... (?). Su arco narrativo se limita a ser abandonada, mirar con los ojos muy abiertos este mundillo y cantar una canción sobre sentirse sola.

Pequeño paréntesis: el hecho de que diegéticamente en la película existan los humanos y en el musical no genera muchas preguntas sobre este mundo: ¿saben los humanos que existen estos gatos cantarines? ¿En caso afirmativo, los escuchan cantar o solo oyen *miau miau miau*? ¿Por qué algunas arquitecturas son proporcionalmente coherentes con los humanos pero otras claramente están construidas para el tamaño de los gatos? ¿Quizá estos gatos andan mucho de pie porque conocen a los humanos y los imitan? ¿Cuál será la dinámica social entre un gato Jellicle y un gato doméstico? Creo que le estoy dando demasiadas vueltas. Como diría Lloyd Webber: «Es sobre gatos».

Pero, sin duda, la peor decisión que se tomó para la película y la que causó más desasosiego es la apariencia física de los protagonistas. Tienen proporciones humanas, pero no tienen genitales aunque algunas gatas tienen pechos humanos; están cubiertos de pelo y tienen cola, pero a veces andan de pie como una persona y a veces a cuatro patas; tienen una cara humana intacta, pero orejas gatunas... son *furros* digitales bailando *ballet*. Estos gatos caen de cabeza en lo conocido como «valle inquietante», que se refiere al rechazo que nos genera un robot o una animación cuando, en su intento de parecerse lo más posible a un humano, se queda ligeramente corto. Cuando algo *casi* parece humano pero algún elemento te saca de esa ilusión, se vuelve muy inquietante, como los personajes de *Polar Express*, las figuras del Museo de Cera de Madrid o Renesmee, el bebé-demonio de la última película de la saga «Crepúsculo». El tropiezo de *Cats* es especialmente curioso, ya que ni siquiera intentaban que parecieran humanos, sino unas criaturas humanoides semifelinas; lo cual concluyó con este aspecto visual grotesco.

El fracaso de crítica, de público y monetario de *Cats* contiene una moraleja importante sobre la *hybris*. Este concepto griego clásico explica que un exceso de confianza o de arrogancia eventualmente llevará al fracaso y al castigo, porque se intentarán superar las normas de la naturaleza o los dioses. Los dioses de este caso son el cine y el teatro, dos entidades con sus normas y sus peculiaridades propias, no intercambiables. Hay historias que se tienen que dejar donde están, porque solo tienen sentido en ese contexto. *Cats* es un producto de la ideología y la estética de los años ochenta, que solo debería existir en los confines de un teatro. Aunque a día de hoy *Cats* sigue teniendo éxito, me aventuraría a decir que es principalmente por nostalgia y ubicuidad cultural, ya que no hay ejemplos contemporáneos de megamusicales sin trama. Incluso los megamusicales de la megamáquina Disney, como *Mary Poppins*, *Frozen* o *Aladdin*, tienen una trama clara, unos personajes definidos y algún semblante de profundidad. El público del siglo XXI no está satisfecho simplemente con el deslumbramiento, necesitamos algo de sustancia incluso en los *shows* más industriales.

Aún con todo lo que he dicho, voy a ser valiente y atreverme a tirar la primera piedra por esta película y atribuirle un mérito que tiende a pasar desapercibido. El absoluto fracaso de sus efectos visuales extremos y su loca posproducción me parecen el punto de partida de la nueva era del cine en la que las películas de alto presupuesto están construyendo sus escenografías a tamaño real. Se está volviendo a lo práctico, a realizar lo máximo posible en cámara en vez de grabar en un estudio lleno de pantallas verdes y dejar a los editores el marrón de crear el universo entero *a poste-*

riori. Como público, lo sentimos todo más real y a los actores se les facilita el trabajo al poder sumergirse en el contexto de la historia en vez de tener que imaginárselo. Por lo tanto, sin este fracaso, no tendríamos las casas rosas de *Barbieland*, la fascinante arquitectura de *Dune: Part Two* o el chorro de sangre de la escena final de *The Substance*. Decid conmigo: gracias, ojetes de *Cats*.

CAPÍTULO 6

KISS OF THE SPIDER WOMAN

ALEGORÍA Y FANTASÍA EN UNA CELDA FRÍA

You've got to learn how not to be where you are.
*The more you face reality, the more you scar.**

Eso canta la misteriosa Aurora en uno de los números musicales
imaginados dentro de la cabeza de Luis Alberto Molina, un hombre encarcelado durante un momento indeterminado de represión política en Latinoamérica. Aurora lo está animando a diso-
ciarse, a gestionar de manera evitativa su cruda realidad: se
encuentra en una cárcel en la que es maltratado de manera física
y verbal constantemente. Esta Aurora es la Mujer Araña titular de
Kiss of the Spider Woman, pero también no lo es. La Mujer Araña
es un personaje misterioso y sensual; cuyo beso mata a los hombres, mientras que Aurora es una actriz de la década de 1940 que
la interpretó en una película. Durante toda la obra, con sus suge-
rentes canciones, Aurora coge a Molina como la garra de una
máquina de *arcade* y lo lanza a un mundo de fantasía donde solo

* «Tienes que aprender a no estar dónde estás. Cuanto más te enfrentas a
la realidad, más te dañas».

hay glamur, coreografías y pelos perfectamente peinados, hacién-
dole olvidar por un momento que no puede escapar de los confines de la máquina. Detrás del esplendor de la fantasía cinematográfica, la Mujer Araña teje una red venenosa alegórica: su veneno
es erótico, siempre al acecho y nadie se atreve a nombrarlo directamente.

Estrenado en el West End en 1992 tras un *tryout*[1] en Toronto
el mismo año, *Kiss of the Spider Woman* es el decimotercer musical compuesto por el dúo formado por el compositor John Kander y Fred Ebb. El libreto es de Terrence McNally, uno de los
dramaturgos más célebres del siglo XX, basado bastante libremente en la novela del argentino Manuel Puig *El beso de la mujer
araña*, publicada en 1976. En esta obra se explora la dinámica
entre dos presos que comparten celda: Molina, condenado por
tener sexo gay con un menor, y Valentín, condenado por su ideología y activismo marxista. La novela deja entrever que sucede en
Argentina, pero el musical es bastante más ambiguo en su ubicación,[2] situándolo en una cárcel latinoamericana cualquiera, con el
objetivo de centrarse en la dinámica y psicología de los dos protagonistas e ignorando las dinámicas políticas y étnicas más complejas de la novela.[3] Además, el rol de Aurora es expandido de
manera sustancial: en la novela, solo es la protagonista de las películas que Molina le cuenta a Valentín para entretenerse y eva-
dirse. En el musical, en cambio, es una presencia constante en el
escenario, que canta números que extienden, explican o auguran
los sentimientos del protagonista, sea mediante un mambo, un
tango o un chachachá.

Y es que, aunque es treinta y cinco años posterior a *West Side
Story*, la latinidad en esta obra sigue siendo utilizada de una forma similar: es un sabor, una textura musical, un detalle contex-
tual, una palabra suelta en castellano en una obra angloparlante.

Kiss of the Spider Woman responde a la apertura de Broadway a temas más profundos, más específicos y más internacionales, tras el auge de los megamusicales tan generalistas de la década anterior, pero esta ampliación de miras sigue manteniéndose exclusivamente en las tramas y no en los equipos creativos. Hay cosas que no cambian.

Esto explica todo un batiburrillo de decisiones dramatúrgicas, lingüísticas y musicales que hacen que la obra aluda al fabuloso e inexistente país de Latinia. Por ejemplo, la madre de Molina tiene un acento claramente hispano al hablar pero se le olvida al cantar, cuando adopta un estadounidense neutro. Hay una escena en la enfermería en la que mueven una camilla y la torean a la española.[4] Una de las primeras letras de Aurora es «anoche fui a ver a una gitana»* para que le echara las cartas, usando el estereotipo del pueblo gitano como figuras místicas nómadas. Esta confusión de lo latino con lo español con lo gitano con lo andaluz es fascinante de ver desde fuera y responde a ideales exotizantes muy particulares y desconcertantes. España es un caso muy curioso porque, aun siendo un país europeo y eminentemente blanco (aproximadamente 81,3 por ciento de los ciudadanos lo somos),[5] también es sujeto de dinámicas exotizantes. Para muchos, España es un sitio donde la tauromaquia, los mariachis y el flamenco conviven con gitanos adivinos mágicos en una especie de desierto en tonos exclusivamente cálidos. La ópera *Carmen* de Bizet, el musical del *Zorro* de los Gipsy Kings, la canción *Amor gitano* de Beyoncé y Alejandro Fernández o el disco *Corazón latino* de Bisbal suceden ahí, en ese descampado lleno de pasiones, guitarras, sensualidad y olé olé los caracoles ándale wey la concha de la lora. Es Ciudad de México pero también es Sevilla

---

* *Last night, I went to the gypsy.*

pero tiene algo de Buenos Aires también y quizá tiene un poco de Medellín y también de Barcelona y de Santa Fe. Muy poco a poco estamos saliendo de ese desierto, con musicales que representan de formas más auténticas y particulares experiencias latinas, como *Buena Vista Social Club* (2023), *In the Heights* (2005) o *Real Women Have Curves* (2023). En Broadway lleva sin estrenarse un musical situado en España desde la adaptación quijotesca *Man of La Mancha* hace sesenta años. Sin embargo, en 2010 se estrenó *off-Broadway* un musical genuinamente fantástico titulado *Bernarda Alba*, evidentemente basado en la obra de Lorca y concebido íntegramente por Michael John LaChiusa. Es mucho más específicamente español a nivel musical (textualmente no, claro, está en inglés), con influencias sutiles del flamenco sin ser exotizante y raruno.

Volvamos a la Mujer Araña. Esta obra ofrece un metacomentario sobre el poder reconfortante del mundo del espectáculo. Es un musical que habla sobre el poder del musical, aunque sea en su versión cinematográfica, ya que Aurora es una estrella del musical de la gran pantalla, no del teatro. En la oscura realidad carcelaria, con su suciedad, su falta de intimidad y sus torturas, el personaje de Molina, un sensible gay cinéfilo, se construye un refugio imaginario donde la feminidad es celebrada y el glamur es obligatorio. Sus creadores, Kander y Ebb, tenían ya experiencia mezclando temas duros y trágicos en sus obras con la fantasía y teatralidad del *show business*. Son nada más y nada menos que el dúo detrás de, entre otros, *Cabaret* (1966), el cual habla del alza del fascismo en Alemania explorando las dinámicas de un club lleno de maricones y chicas británicas con poco talento y pelucas baratas. En este caso es diferente porque los números no suceden en un escenario, sino en la cabeza de Molina: cada vez que la realidad se vuelve demasiado insoportable, él acude a este lugar, un mundo de tecnicolor protagonizado por su diva favorita del cine. A través de sus números, el musical se desdobla en dos realidades: lo gris, tosco, pequeño e inmóvil de la cárcel y lo expansivo, lo lujoso, lo expresivo y, particularmente, lo femenino de Aurora.

De hecho, una cosa que la obra parece decirnos varias veces es que Molina desea ser una mujer, o al menos poder vivir ciertas experiencias que ciertas mujeres viven. Lo cual es muy diferente. En su canción del final del primer acto, *She's a Woman*,* dice: «Ella tiene suerte, tanta suerte, por ser una mujer»,† pero su entendimiento de lo que conlleva ser una mujer es realmente limitado. En la canción habla sobre una mujer, cualquier mujer, a la que tiene una mezcla de envidia y admiración por su uso de cosmética lujosa, la atención romántica masculina que recibe y cómo su belleza hace que todo el mundo la trate con delicadeza. Incluso para el tipo de mujer que tiene acceso a esos elementos, estos no constituyen la totalidad de su existencia, esas mujeres también tienen que ir al supermercado, cagar, hacer la declaración de la renta y sufrir los efectos constantes del machismo. En su primera canción en solitario, *Dressing Them Up*,‡ nos explica que trabajaba como escaparatista, vistiendo maniquís, lo cual le apasiona. Aurora y el resto de mujeres (excepto su madre, a la cual sí parece concederle tridimensionalidad) son entendidas por él así: como ideales de plástico, como diosas de lo sartorial. El problema es que idealizar también es deshumanizar, porque le estás negando a alguien todas las aristas de su experiencia vital. Su admiración por la estética femenina se traduce en una

* «Ella es una mujer».
† *She's lucky, so lucky, she's a woman.*
‡ «Vistiéndolas».

alabanza de la mujer como un ser casi inalcanzable, perfecto y glamuroso, más un objeto de adoración que un sujeto con voluntad propia.

Voy a decir una cosa quizá un poco políticamente incorrecta, pero siento que esto le pasa a muchos gays cuya socialización con mujeres es limitada y, por lo tanto, su idea de qué es ser una mujer se basa en figuras públicas de imagen dramática y sensacional, como Madonna, Lola Flores o, lo digo totalmente en serio, la Virgen María. De alguna forma, acaban reduciendo la experiencia femenina a un puñado de particularidades estéticas e imaginando que ser gay es equivalente o incluso más difícil, ignorando completamente por el camino la misoginia que fundamenta las bases de nuestra mera existencia e impide que las mujeres tengan una puta existencia tranquila. Esto es lo que la filósofa Sara Ahmed (nacida en 1969) ha acuñado como «ignorancia voluntaria»,[6] una estrategia que consiste en evitar activamente cualquier información que amenace tu autoimagen o el lugar que tú mismo percibes que ocupas en el orden social. Si has crecido toda tu vida recibiendo algún tipo de acoso y sintiendo autoodio por ser gay, entiendo que cueste llegar a la edad adulta y admitir que quizá tu experiencia no ha sido ni la más grave ni tan única, porque es la única que has vivido en tus carnes. Hablo particularmente de los casos en los que, aun siendo gay, se tienen muchos privilegios como podrían ser la blanquitud, el estatus socioeconómico, el acceso a educación superior, un sistema de apoyo... Son los que votaron en el Benidorm Fest por *Zorra* de Nebulossa y *Diva* de Melody y las cantaron más alto que las mujeres del público porque sentían que eran para ellos. Aunque es verdad que la homofobia es una extensión de la misoginia (a los gays se nos odia porque se entiende nuestra vida, nuestro amor y, por supuesto, nuestro sexo, como más cercano al de una mujer), eso no quiere

decir que suframos misoginia, solamente *algunas* de sus consecuencias. Especialmente cuando nuestra expresión de género es
altamente femenina: nadie va a matar a un *gay* por la calle, matan
a un *maricón*. No se trata de hacer una competición de opresio-
nes, se trata de aplicar la perspectiva interseccional, ser realistas
y amplios de miras.

Molina termina la canción *She's a Woman* con «desearía ser
ella».* Quizá estoy haciendo una lectura de mala fe y realmente la
obra nos está diciendo que es trans y genuinamente tiene una
necesidad profunda de exteriorizar su feminidad de la forma más
tajante y vivir como una mujer. Pero lo dudo mucho. Recordemos que la obra fue estrenada profesionalmente en 1992 y compuesta por hombres de unos sesenta y cinco años,[7] por lo que
creo que simplemente no disponían de una terminología especialmente rica para explicar que a Molina le gustaría tener una
presentación de género más femenina de lo que le permite su
entorno, pero sin abandonar la hombría. La identidad de género
es interna, habla de cómo te reconoces a nivel de género independientemente de tu cuerpo o las expectativas sociales, mientras que la presentación de género es externa, se refiere a cómo
una persona comunica su género al mundo mediante la ropa, el
peinado, el lenguaje corporal o la voz. Pueden coincidir o no,
puedes ser un hombre y ponerte una minifalda, unos tacones y
kohl en los ojos sin dejar de querer ser un hombre. La presentación de género es dependiente del contexto social, cada cultura
tiene parámetros y umbrales concretos que definen dónde acaba
lo femenino y empieza lo masculino y todos sus grises intermedios. Me temo que, al igual que con la latinidad, en *Kiss of the
Spider Woman* han cogido identidad de género, orientación se-

* *And I wish that she were me.*

xual y presentación de género y las han metido en la batidora de vaso para hacer un *smoothie* de canciones deliciosas.

Bueno, volvamos a la fantasía musical. Este escapismo hacia lo femenino no es una acción pasiva, es un mecanismo de supervivencia, además de un medio para que la audiencia pueda acceder al mundo interior de Molina, tan aplastado por su realidad, y empatizar con él. Hay muchas formas de usar el poder evasivo del arte. Como hablamos con *Cats*, ahí se buscaba una evasión completamente apolítica, con el fin de apelar al mayor número de espectadores-clientes mediante la espectacularidad. Aquí, al incrustar la evasión dentro del universo de la obra, se nos permite entender más al personaje y se nos recuerda el poder reconfortante de la evasión consciente. Todos, en momentos de desesperación e incertidumbre, nos aferramos al cine, al teatro, a la literatura o a la música como salvavidas. Yo soy el primero que se compra una entrada para un concierto con un año de antelación para así tener una razón para vivir todo ese tiempo. ¿Recuerdas qué hiciste durante el confinamiento del COVID-19 para pasar el rato y salirte durante unas horas de la realidad? Probablemente ver películas y series y ponerte tus discos favoritos. O experimentar con las drogas. No lo sé, no te conozco.

Para los números de Aurora en la producción original de Broadway, su director, el mítico Hal Prince, se inspiró en una miniserie de la BBC titulada *The Singing Detective* (1986). En esta, un escritor de misterio tiene alucinaciones de números musicales de la década de 1940 mientras está hospitalizado. Mezclando esta referencia cinematográfica con la base literaria, Prince y los coreógrafos Vicent Paterson y Rob Marshall[8] gestaron estos números musicales como ensoñaciones que cobran vida a todo color. La diégesis y la cuarta pared se rompen constantemente: Aurora es a veces un recuerdo inmaterial de una película, a veces es visible para Molina pero no puede interaccionar con ella; otras, su número es una extensión de lo que él está sintiendo, por lo que ella toma partido y le habla directamente. Su capacidad de desaparecer, de ser inasible y mágica a la vez que humana, genera una ambigüedad constante muy excitante: ¿es «real» dentro de la ficción de la obra o es solo una alucinación? ¿Lo que le dice a Molina se queda dentro del delirio o luego él puede recordarlo al volver a la realidad? Ella no es solo una figura de escapismo pasivo, a veces actúa como comentarista o anticipa el destino, por lo que parece ser consciente de su rol en la psique de Molina.

Por ejemplo, durante el número *A Visit*,* en el que Molina está en la enfermería por haberse comido una cena envenenada dirigida a Valentín para protegerlo, la Mujer Araña dialoga directamente con él, usando su belleza para decirle que, al igual que todos los hombres, algún día «la besará»... es decir, que morirá. Este augurio de muerte no solo lo entendemos por su presencia ominosa y sus atributos de *femme fatale*, sino porque, además, durante esta escena se oyen varias alusiones al *Dies Irae*, una melodía que tiene su origen en el canto gregoriano. Traducido como «día de la ira», este motivo se usaba para evocar el toque de trompeta del Juicio Final, por lo tanto, simboliza la muerte y el Apocalipsis. Hay decenas de referencias a este motivo musical en la cultura pop, normalmente en momentos trágicos (cuando Luke Skywalker descubre a sus tíos muertos en el episodio IV de *Star Wars*) o en piezas que nos anticipan desastres (la obertura de la serie *The White Lotus*). Por lo tanto, ¿es Aurora una alucinación de la morfina que le dice que se va a morir o es como un espectro-ángel de la guarda que se le puede aparecer físicamente? ¿Es un simple presagio de tragedia? El teatro no siempre necesita que

* «Una visita».

todo se responda, a veces en las preguntas es dónde se encuentra la magia.

También hay instantes, como *Gimme Love*,* un extravagante número tropical lleno de plumas de colores, en los que Aurora es una expansión de lo que Molina siente. En este caso, la canción que ella canta explora el anhelo desesperado por ser amado, ser entendido y ser tocado en medio de tanta soledad. Su vida en prisión es extremadamente fría y brutal, marcada por la violencia y la represión homófoba. Aquí, la cárcel funciona como una metonimia de las distintas formas de poder coercitivo de los años setenta y ochenta en Latinoamérica y, por extensión, de cualquier régimen autoritario. Los criminales y los presos políticos (reclusos muy diferentes) conviven bajo el mismo techo y, en este entorno, la homosexualidad de Molina lo convierte en un blanco fácil para los abusos. Incluso su compañero de celda, Valentín, comienza la obra tratándole con desdén y prejuicios precisamente por su pluma y expresividad. Son muy buena dupla como protagonistas, porque Valentín es la personificación de la masculinidad revolucionaria: duro, racional, dispuesto al sacrificio, aparentemente insensible a la belleza, mientras que Molina es todo lo ya expuesto: sensible, tendente a los cuidados, amante de la estética, incapaz de ejercer violencia. A pesar de partir de muchos clichés, el musical humaniza bastante a Molina y profundiza más allá del estereotipo a medida que avanza la trama. Una de las tensiones principales que le atraviesa es su deseo no correspondido por Valentín, el cual es, al menos en principio, heterosexual, y además está profundamente enamorado de su novia Marta, la cual está extramuros. Esta dinámica de hombre gay se enamora del hetero viril inalcanzable es un supertópico narrativo, pero el

---

* «Dame amor».

arco de esta obra desarrolla la dinámica de una forma interesante, utilizando esta tensión como herramienta transformadora para ambos personajes. En su claustrofóbico espacio compartido, el deseo y la represión están chocándose y confundiéndose constantemente.

Valentín vive regido por su formación marxista, por lo que filtra todo por la lente de la ideología y la utilidad. Bajo esta forma de pensar, las fantasías fílmicas de Molina son simplemente un placer burgués, alienado de la causa real. Molina, por su parte, prioriza los afectos, la belleza «inútil» del arte y la intimidad. La convivencia forzada de estas dos visiones genera una tensión casi filosófica entre razón y sensibilidad, entre el deber y el querer. Poco a poco, se van dando cuenta, por un lado, de que no les queda otra que llevarse bien porque van a compartir espacio, y, por otro, de que genuinamente tienen muchas cosas en común. Molina admira el fervor y la integridad moral de Valentín y aprende de él un sentido de la dignidad, mientras que Molina le enseña el poder de la imaginación y del cuidado. A medida que Valentín sufre torturas en las que los guardias intentan sonsacarle información sobre sus compañeros comunistas, va cayendo enfermo y depende crecientemente de los cuidados de Molina, tanto físicos como mentales. Le cuida las heridas, le limpia cuando se caga encima, le protege incluso poniendo en riesgo su propia integridad (como he mencionado antes, comiéndose su cena envenenada) y, casi lo más importante, le hace partícipe de sus historias *aurorescas*. Estas acciones de compasión son hegemónicamente pasivas y feminizadas, pero aquí se resignifican: los cuidados son subversivos y revolucionarios en este entorno cruel. Al principio del segundo acto, cuando han llegado a un punto que podríamos denominar de amistad, Valentín le pide que le cuente una de sus películas, porque «ese tipo de cosas no se dan en el materialismo dialéctico».⁹* Y tiene razón. El ser humano no es puramente racional, lógico y teórico, necesita historias, necesita cuentos que le recuerden que forma parte de algo más grande, particularmente en momentos difíciles.

Toda esta evolución de su vínculo va generando un complejo entramado de deseos, una tela de araña, si me lo permitís, de homoerotismo. Hay un momento, casi al final de la historia, en el que conceden la libertad a Molina y Valentín le pide desesperadamente que comunique un mensaje a sus camaradas fuera, particularmente a Marta. Cuando las palabras fallan, ya que Molina teme meterse en más líos... termina seduciéndole para convencerle. La escena es bastante ambigua: ¿Valentín siente realmente una atracción o cariño por él o lo ve como un trámite para conseguir lo que quiere? En la producción original se deja entrever que, más allá de esa estrategia y cálculo iniciales, en ese encuentro sexual hay una ternura genuina y que ese momento supone una ruptura del aislamiento emocional de ambos. El trueque sexual es algo que ha existido toda la vida, pero al ser una dinámica desigual y que sabemos que no se repetirá, es especialmente agridulce de presenciar, una consumación de toda la tensión y amor que se han ido construyendo poco a poco pero que no pueden salir bien. Para Molina, tener sexo con el hombre al que ama (aunque sea una sola vez) es la realización de su deseo más profundo, mientras que, para Valentín, entregarse físicamente a un hombre implica derrumbar su homofobia interna para dejarse llevar por el placer. Es en este momento, cuando van a besarse, cuando se apagan las luces y aparece la Mujer Araña, llenando todo el escenario con su red. Procede a cantar la canción titular en la que dice «antes o después, tu amor llegará [...] pero solo hay un alfiler que pueda

---

* *You don't get that sort of thing in dialectic materialism.*

punzar tal felicidad: su beso».* Habla de sí misma en tercera persona porque todo este tiempo la Mujer Araña no solo ha sido un augurio de la muerte, sino una metáfora mucho más específica.

Ella es el sida. Su beso es el contagio del VIH. Alegóricamente.

En ningún momento de la obra se menciona explícitamente, y, de hecho, no he encontrado ninguna prueba de que los autores del musical lo concibieran así. Pero desde que la vi por primera vez me ha sido evidente que está ahí. Creo que es una de esas en las que quien lo entiende lo entiende... y yo lo entiendo, así que te lo cuento.[10] El musical fue compuesto y estrenado cuando las muertes relacionadas con el VIH/sida[11] seguían al alza. 1993, el año en el que se estrenó en Broadway, estaba siendo el año más mortal hasta entonces, con 35.952 muertes solo en Estados Unidos.[12] La novela original de Puig no podía contener este subtexto porque fue publicada en 1976, cinco años antes de la documentación de los primeros casos clínicos, en 1981. Dos años después, el virus de inmunodeficiencia humana (VIH) fue identificado por primera vez por los equipos del francés Luc Montagnier y el estadounidense Robert Gallo. Pero ahí está precisamente el poder de la adaptación: una obra recontextualizada puede hablar de cosas que su original nunca hubiera podido, aunque solo separen catorce años a la novela del primer *workshop* del musical.

Molina está obsesionado con todos los roles que interpretó Aurora excepto uno: la Mujer Araña. Le cuenta a Valentín al principio de la obra que: «Interpretó un rol que no me gustaba, me daba miedo. Era sobre una mujer que era la muerte. La llamaban la Mujer Araña. Cuando besaba a alguien, aunque fuera

---

* *Sooner or later, your love will arrive* [...] *but there's only one pin that can puncture such bliss: her kiss.*

un niño, se moría. No podía mirar».* Aunque su madre siempre le consolaba diciéndole que solo era una película, él defiende que «mamá estaba equivocada: ella es real, la Mujer Araña. Ella está aquí. Lo sé, la he visto».† Siempre acecha, pero hay gente como su madre que no lo quiere admitir porque piensa que no la afecta.

El VIH evidentemente no es un virus gay, pero el estigma (tanto entonces como ahora en menor medida) dice que es un virus y posterior enfermedad que mata a los maricones degenerados que hacen tres orgías llenas de drogas intravenosas al día. Evidentemente, esto no es verdad y el VIH se puede contraer teniendo sexo heterosexual, además de otras muchas formas no sexuales como usando jeringuillas o agujas no esterilizadas en cirugías o tatuajes, de madre a hijo en la gestación, al entrar la sangre en contacto entre dos personas por una herida... Pero el sentimiento público puede y tiende a discordar con los hechos científicos, particularmente en situaciones en las que la ciencia está intentando entender algo a tiempo real, como vimos con las diversas teorías conspirativas que surgieron alrededor del COVID-19. Hemos de tener en cuenta al analizar esta alegoría el contexto en el que se estrenó el musical: a principios de los años noventa, la contracción de VIH era casi siempre una sentencia de muerte, aunque fuese a largo plazo, ya que la medicina no había alcanzado los niveles actuales, en gran parte porque, al considerarse una enfermedad de maricones, no hubo toda la financiación y la movilización política que merecía esta epidemia. A día de hoy, se puede vivir una vida completamente estándar aun estando contagiado

---

She played a part I didn't like, she scared me. It was about this woman who was death. They called her the Spider Woman. Whenever she kissed anyone, even a child, they died. I couldn't look.

† *Momma was wrong: she is real, the Spider Woman is. She is here. I know it, I have seen here.*

del virus gracias a los medicamentos antirretrovirales,[13] que hacen que el VIH no se desarrolle en sida y además no pueda transmitir-se, haciendo que esa persona sea «indetectable». Además, existe la PrEP, un medicamento que reduce en más de un 99 por ciento las posibilidades de contraer el virus. Aunque para 1985 ya se conocían científicamente todos los medios por los que se transmi-te del virus, hubo un pánico nacional y odio generalizado hacia los gays, ya que se los veía como los culpables y los peligrosos perpetradores. Para que te hagas una idea, según una encuesta hecha por la empresa de análisis de datos Gallup de 1987, el 44 por ciento de los estadounidenses veían el sida como un castigo divino por los comportamientos sexuales inmorales.[14]

La Mujer Araña representa el deseo teñido de pánico, es una figura que, aun generándote placer, te conduce directamente a la muerte. Es la sensación de no poder dejarte llevar nunca del todo, de siempre tener que estar alerta. Es paradójica, es irresistible, es punitiva. Atrae con su elegancia, con sus promesas de placer, so-lamente para matarte en un descuido. Su beso (metonímicamente cualquier contacto sexual) es la contracción del virus, y «ese alfi-ler que puede punzar tu felicidad» alude a una jeringuilla, otro de los métodos de contracción. La telaraña que siempre la acompa-ña, sea en su vestuario o en proyecciones que la agrandan y con-vierten en una figura abstracta, no es una decisión solo estética, es una metáfora. Un vértice de la telaraña contacta con otro median-te un hilo que conecta con otro que conecta con otro que conecta con otro: la matriz del contagio.

Esta red tiene un análogo físico y real, el NAMES Project AIDS Memorial Quilt (Proyecto NOMBRES: Colcha Conme-morativa del Sida), un macroproyecto comenzado por el activista gay Cleve Jones (nacido en 1954) en 1985. Consiste en más de 50.000 paneles de tela (cada uno de 0,9 × 1,8 m, más o menos el tamaño de una tumba), cada uno representando a una persona que murió por complicaciones relacionadas con el sida en Estados Unidos. Desde el comienzo de la epidemia, al menos 700.000 estadounidenses han muerto por culpa de este virus,[15] por lo que, aun siendo incompleta, esta colcha de más de 50 toneladas y 120.000 m² es a día de hoy la obra de arte comunitaria más grande del mundo. Me costaría creer que las personas que se sentaron en las butacas del Broadhurst Theatre cuando se estrenó en Broadway, en su mayoría mujeres y queers, no se vieran removidas e interpeladas por la imagen de un beso mortal, cuando su círculo cercano se estaba muriendo por una enfermedad que se transmitía por el contacto. La Mujer Araña es una figura siniestra que podría resonar con la ansiedad de la época: cuando parecía que la comunidad gay empezaba a lograr avances tras las revueltas de Stonewall en 1969, llegó una plaga que mató a centenas de miles, una telaraña mortal de la que nadie podía escapar del todo por el miedo, el desconocimiento y el estigma. La obra no es *solo* sobre esto, pero es inevitable pensar que toda obra de temática gay creada principalmente por hombres gays estaba de alguna forma atravesada por la epidemia que estaba matando a su entorno de manera cruel e irrefrenable.

Molina acaba volviendo a la cárcel tras haber sido liberado, porque lo pillan cumpliendo la petición de Valentín de mandarle un mensaje revolucionario a Marta. Mientras torturan a Valentín para sacarle información, traen de vuelta a un convaleciente Molina para ver si su sufrimiento le hace hablar. Molina ya lo ha dado todo por perdido y sabe que va a morir, por lo que le pide que no hable, no confiese. El alcaide le grita: «Habla, puto maricón, o te volaré la puta cabeza»* y él se calla, mira a Valentín y pronuncia

* *Talk, you fucking faggot, or I'll blow your fucking head off.*

sus últimas palabras: «Te quiero». Molina romantiza el sacrificio amoroso por el hombre al que quiere de manera no correspondida hasta sus últimas consecuencias, siendo asesinado por el alcaide de un tiro. Al igual que una heroína trágica de la gran pantalla, prefiere morir que vivir una vida injusta e incompleta. Quizá sabía que había algo dentro de él que lo iba a matar igualmente.

Cuando muere, la acción se suspende en una especie de limbo onírico, donde los seres queridos de Molina observan desde unas butacas su último y glamuroso número, en el que habla sobre cómo los finales felices solo ocurren en las películas. Es un homenaje póstumo, un funeral teatral. En la epidemia del sida, muchas funerarias se negaron a prestar sus servicios a las víctimas de la enfermedad por miedo a contaminarse o contagiarse. Este rechazo institucional supuso que los velatorios fueran furtivos, privados e íntimos, teniendo que dejar los cuerpos en muchas ocasiones en las casas hasta que se encontrase un lugar donde enterrarlos. A Molina se le concede una despedida llena de amor, música y dignidad, envuelta en la fantasía que le sustentó toda la vida. Solo es después de la muerte cuando puede asemejarse verdaderamente a Aurora. Es la forma que el musical tiene de resarcir y homenajear simbólicamente tantísimas muertes anónimas y silenciadas de su época, dándoles un sentido casi sagrado en el escenario.

Hagas o no esta lectura alegórica de la obra, *Kiss of the Spider Woman* es uno de los musicales más fascinantes del repertorio. Se mueve entre dos planos de realidad muy diferentes para presentar una obra profundamente política pero no panfletaria, específica pero universal, trágica y a la vez reconfortante. Es una defensa de que soñar, imaginar y fantasear dentro de las más duras circunstancias es un acto de resistencia ardientemente humano. Es una celebración del mundo del espectáculo, de la evasión consciente, de la magia liberadora de la ficción cantada y bailada.

Es un *memento mori* que nos alienta a vivir el aquí y ahora, a coger lo que tenemos y construir puentes con ello que nos lleven a lo que queremos. «Puedes correr, puedes gritar, te puedes esconder pero no puedes escapar»* del beso de la Mujer Araña. La muerte acecha por todas partes e, independientemente de qué sea lo que te lleve de este mundo, la obra nos recuerda que se vive mejor reconociendo la compleja humanidad de todos los que nos rodean, al margen de sus etiquetas de ideología o sexualidad. Quienes poseen la capacidad de la fantasía pueden transfigurar el pánico en esperanza.

---

* *You can run, you can scream, you can hide, but you cannot escape.* Son las últimas palabras de la canción titular.

CAPÍTULO 7

WICKED

CÓMO CUBRIR EL FASCISMO CON LENTEJUELAS

Are people born wicked or do they have wickedness
*thrust upon them?**

Esta pregunta es uno de los primeros diálogos de Glinda al aparecer en escena en *Wicked*, catapultándonos inmediatamente a una trama que da vueltas alrededor de los flexibles conceptos del bien y el mal. Canción tras canción y escena tras escena, esta pregunta se va complicando y ramificando: ¿qué es la maldad y quién tiene la capacidad de asignarla? ¿Qué consecuencias tiene que te etiqueten socialmente como «malvada»? ¿Cualquiera podría serlo potencialmente? El musical de 2003 *Wicked: The Untold Story of the Witches of Oz*, con música de Stephen Schwartz y libreto de Winnie Holzman, puede parecer, superficialmente, una divertida historia sobre pieles verdes, amistades improbables, monos voladores y vestidos con brillantina. Y lo es. Pero también es mucho más, es una parábola política, una meditación sobre la moralidad, una alegoría fantasiosa sobre el

* «¿Las personas nacen malvadas o se les impone la maldad?».

poder de la propaganda en los discursos totalitarios. No son incompatibles.

Situémonos primero. Estamos dentro del multiverso de *El maravilloso Mago de Oz*, que nace en el año 1900 con la publicación del libro homónimo de L. Frank Baum. Decenas de secuelas, una cantidad delirante de películas, series, disfraces de Halloween y despertares homosexuales después, en 1995, el escritor Gregory Maguire publicó su novela *Wicked: The Life and Times of the Wicked Witch of the West*. Este libro es una precuela especulativa[1] del universo de Oz y fue la inspiración para el musical ocho años después, aunque las diferencias entre ambos acabaron siendo enormes. Me leí el libro con diecisiete años en unas vacaciones en la playa y os puedo asegurar que es más cínico, más oscuro y muchísimo más sáfico. En ambos se explica cómo una pequeña niña que nace con la piel anómalamente verde, Elphaba, termina convirtiéndose en la Bruja Malvada del Oeste que conocemos por la película, a la que Dorothy mata con un cubo de agua. En ese largo camino desde la infancia hasta ser empapada por una niñata de zapatos rojos, desarrollará un vínculo fascinante con Glinda, la Bruja Buena, y sufrirá las violentas consecuencias de darse de bruces contra un poderoso sistema político que miente a sus ciudadanos.

La obra comienza *in extrema res*,[2] tras la supuesta muerte de Elphaba. Glinda llega en su burbuja voladora y cuenta a los ciudadanos que la malvada y verde bruja está muerta, lo cual celebran como si fuese la mejor noticia de sus vidas. De hecho, las primeras palabras que oímos en el musical son «buenas noticias, está muerta»,* cantadas por el *ensemble*. Nos queda claro desde el principio que los habitantes de Oz tienen un código moral

---

* *Good news, she's dead.*

completamente binario: hay personas buenas y malas, actos buenos y actos malos; no existen los grises. Incluso sus nombres llevan un calificativo que las sitúa: Glinda la Bruja Buena y la Bruja Malvada del Oeste (así, sin nombre siquiera, ni lo merece). Pero ¿qué hace a Glinda «buena»? ¿Qué hace que Elphaba sea «mala»? La respuesta es insoportablemente complicada a la vez que estúpidamente sencilla: una acata las normas del sistema y la otra no. Fin del capítulo.

Es broma, sigo. El Mago de Oz, un hombre absolutamente mediocre en sus capacidades pero carismático en su personalidad, llegó hace unas décadas por un accidente de globo aerostático al mundo de Oz, desde Estados Unidos. Al literalmente caer del cielo, los ozmitas lo tomaron por algún tipo de deidad o de figura omnipotente. Él no los corrigió, les siguió la narrativa y fingió saber leer el *Grimmerie*, un importantísimo e indescifrable libro de hechizos del mundo de Oz. Al ver una oportunidad de construirse una vida de adulación y placer, usó sus trucos de *showman* para manipularlos y hacerles creer en sus supuestos poderes, entretenerlos con purpurina y pomposidad para que no cuestionasen si se merecía una posición de liderazgo... Ejem... ¿alguna vez habéis oído hablar de un tal Donald Trump? Pues seguro que él sí había oído hablar de George W. Bush, el presidente que estaba en el cargo durante los atentados del 11 de septiembre de 2001, momento en el que se estaba componiendo *Wicked*. Tanto Trump como Bush como el Mago comparten una filosofía que se puede resumir con uno de los diálogos de este último: «La mejor forma de unir a la gente es darle un muy buen enemigo».* Estas palabras se las dirige a Elphaba cuando esta descubre que los Animales (en mayúsculas, ya que son parlantes

---

* *The best way to bring folks together is to give them a really good enemy.*

e inteligentes, incluyendo su querido profesor, la cabra Doctor Dillamond) están siendo secuestrados y forzados al silencio simplemente por interés político: el Mago tiene miedo de que desafíen su autoridad. En el mundo de Oz, los Animales y las personas habían convivido siempre en paz, ostentando todo tipo de puestos políticos y educativos. Sin embargo, los derechos básicos de los primeros se han estado violando recientemente: se los está culpando de todos los males del mundo, secuestrando y arrebatando la habilidad de hablar y de pensar críticamente. ¿Subtrama animalista? ¿Es Elphaba vegana y antitaurina? Más probable de lo que imaginas...

Elphaba va a visitar al Mago a la Ciudad Esmeralda porque tiene una fe férrea en que él y sus poderes pueden ayudar a los Animales, solo para enterarse de que ha sido él quien ha orquestado toda la opresión, rompiendo así la ilusión de su vida. El Mago le ofrece poder y riqueza si se queda con él y hace la vista gorda de estos planes maquiavélicos, pero ella decide escapar y no participar. El Mago y su ayudante, Madame Morrible, proceden a construir inmediatamente toda una narrativa pública de peligrosidad alrededor de la piel verde de Elphaba y sus poderes mágicos; simplemente por ir en contra de las ambiciones del régimen, ha de ser destruida. Pasa de ser una talentosa joven a ese «muy buen enemigo» que puede unir a la gente de inmediato. Esta manipulación populista no es exclusiva del mundo de Oz, sino que es un eco de lo que pasó tras los atentados del 11S, ya que Bush decidió comenzar una campaña militar titulada la «guerra contra el terrorismo». Los ataques del 11S, durante los cuales cuatro aviones comerciales fueron secuestrados por terroristas relacionados con Al-Qaeda para estallarlos contra las Torres Gemelas y el Pentágono, fueron presentados por el gobierno y los medios estadounidenses como un ataque completamente no provocado. Esto no es verdad, ya que en las décadas anteriores, Estados Unidos había llevado a cabo toda una serie de acciones militares, políticas y económicas en Oriente Medio que generaron un profundo resentimiento en ciertos sectores. Daré solo un ejemplo, pues ya hemos establecido que este libro no va de historia militar: en 1990, tras la invasión de Kuwait por parte de Irak, se les impusieron toda una serie de sanciones económicas desde Occidente, liderados por Estados Unidos, que durarían hasta 2003. El 70 por ciento de la comida consumida en Irak antes de las sanciones dependía de importaciones, las cuales se redujeron en un 90 por ciento. Esto conllevó de manera directa una hambruna crónica en el país, que dio como resultado centenares de miles de muertes.[3] No tenemos cifras exactas (he llegado a ver estimaciones que ascendían a millones de personas) porque es muy difícil determinar con precisión cuáles muertes fueron causadas claramente por la falta de recursos impuesta, cuáles por causas indirectas pero relacionadas, etc. Sea cual sea exactamente la cifra, lo que quiero decir es que Estados Unidos no era un corderillo inocente que no pudiera ver venir algún tipo de represalia violenta después de la guerra del Golfo (1990-1991). No estoy justificando el 11S, es evidente, estoy contextualizando históricamente por qué sucedió, ya que pintarlo como un ataque no incitado y chocante es injusto con los datos.

Como iba diciendo, la «guerra contra el terrorismo» comenzó como represalia contra el 11S, y se ha llevado al menos 4.500.000 vidas en Afganistán, Pakistán, Irak, Siria y Yemen desde 2001. Algunas de esas vidas se perdieron en combate, pero la mayoría de las muertes tienen que ver con la destrucción de economías, servicios públicos y el medio ambiente.[4] En comparación, el 11S se llevó unas 3.000 vidas. ¿Crees que tan siquiera uno de los muertos fue alguno de los políticos que han orquestado esta guerra? No, porque juegan a la guerra como si fuese un videojuego sin consecuencias materiales, decidiendo desde una oficina con aire acondicionado estrategias bélicas que potencialmente pueden destrozarle la vida a millones. Solo puedes justificar guerras y masacres mediante la creación de un enemigo tan malvado, tan poderoso y tan horrible que la gente simplemente no tenga otra opción que apoyarte en tus esfuerzos por destruirle. Lo mismo que hizo Bush con Saddam Hussein, el presidente de Irak, es lo que hace el Mago con Elphaba. Podría sonar conspiranoico pero el propio compositor, Stephen Schwartz, dijo que vieron «la demonización de Saddam Hussein como una justificación para la guerra. No es que no fuese un hombre malvado, pero la demonización en blanco y negro obviamente nos chocó [...]. Esperamos haberlo entretejido aquí, de una forma sutil y entretenida».[5] La libretista, Winnie Holzman, ha explicado que, cuando empezaron a escribir el musical en 1998, se inspiraron en el entonces presidente Bill Clinton para configurar al Mago, como un líder carismático aunque un poco torpe y payasete. Sin embargo, con la subida al poder en 2001 del republicano Bush, sintieron que debían convertirlo en una figura más maquiavélica y retorcida.[6]

Al igual que el senador Joseph McCarthy había generado un pánico nacional por el comunismo,[7] Bush generó pánico por el terrorismo, designando en su Discurso del Estado de la Unión de 2002 a Irak, Irán y Corea del Norte como el «eje del mal», sentenciando que estos gobiernos apoyaban el terrorismo y poseían armas de destrucción masiva. Para justificar una guerra contra el «terror», primero tienes que convencer a tus ciudadanos de que hay un terror, una entidad tan malvada que ha de ser derrocada. Y es exactamente lo que hace Madame Morrible cuando Elphaba escapa del castillo tras darse cuenta del retorcido plan en contra de los Animales. En un discurso que se oye por todo el reino dice: «Hay una enemiga que ha de ser encontrada y capturada. No os creáis nada de lo que dice. Es malvada. ¡Responsable de la mutilación de estos pobres e inocentes monos!».* Es verdad que Elphaba había convertido a los monos en voladores, pero solamente por contentar al Mago y Morrible, que la habían presionado a intentarlo al darse cuenta de que era la única persona capaz de entender los hechizos del *Grimmerie* y canalizar su poder. Pero la verdad es lo de menos, lo importante es cómo se narrativiza la verdad hacia el público y si se lo cree o no.

El Mago de Oz es el político paradigmático de la época de la posverdad. En política, *posverdad* se refiere a la distorsión intencional de una realidad para manipular las creencias (y emociones) de los ciudadanos. Es decir, apelar a los sentimientos retorciendo datos no solo para que la gente se ponga de tu lado, sino aún más específicamente para que se posicione fuertemente en contra de tu opositor. Como no se han implementado estrategias de verificación de datos en las noticias, los debates o campañas políticas y estamos sobreestimulados por cifras que nos vienen de todas partes todo el día, es literalmente imposible comprobar cada dato que escuchamos o leemos. Si un político dice en la televisión una *trola manola* como «los inmigrantes nos cuestan 100 millones de euros al día» o «el 87 por ciento de los pederastas son gays» y nadie le corrige, el público con tendencias xenófobas y homófobas se lo va a creer y va a afectar tanto a la forma en la que vota como a la forma en la que se mueve por el mundo. Es muy peligroso que las figuras públicas poderosas tengan claros sesgos de odio, porque al expresarlos libremente están alentando

---

* *There is an enemy that must be found and captured! Believe nothing she says. She's evil. Responsible for the mutilation of these poor, innocent monkeys!*

y dando permiso al público a exteriorizar los suyos, con sus consecuencias violentas.

Nada explica de forma más sencilla y directa esta idea que la canción *Wonderful* del segundo acto, en la cual el Mago intenta justificar a Elphaba la validez de su forma de gobernar. Esta canción está compuesta de una forma extremadamente inteligente porque la música recuerda al jazz y al vodevil, tiene energía de *Looney Tunes*, mientras que la letra está hablando de lo chula que es la demagogia. Así es él: de apariencia afable y fondo absolutamente retorcido. «De donde yo vengo, nos creemos todo tipo de cosas que no son verdad. Lo llamamos historia»,* le dice a Elphaba, lo cual siempre hace reír al público, pero si es gracioso es porque es una forma pizpireta de decir una verdad. Historia no hay solo una, porque la narración del pasado es una construcción que, por muy basada en hechos que esté, siempre va a tener algún sesgo o responder a algún interés. La verdad es moldeable, y además «muy pocos se sienten a gusto con la ambigüedad moral, así que fingimos que no existe».† Uno de los motores de la época de la posverdad es la preferencia de la gente por narrativas que presentan absolutos morales: lo bueno versus lo malo, sin matices o espacios intermedios. Los líderes políticos, como el Mago, simplifican las narrativas porque así son más fáciles de digerir: yo soy el bueno, queredme; Elphaba es mala, odiadla; Glinda es buena, queredla. Las palabras que se escogen para enmarcar algo tienen la capacidad de influir en nuestro pensamiento y opinión sobre ello: Taylor Swift es una sensible, inocente y vulnerable cantante para algunos y una zorra billonaria sin escrúpulos que va a com-

---

* *Where I come from, we believe all sorts of things that aren't true. We call it — 'history'.*

† *There are precious few at ease with moral ambiguities so we act as though they don't exist.*

prar el pan en *jet* privado para otros. La verdad tiende a estar en algún sitio entremedias: se puede ser muy sensible en lo amoroso y a la vez no tener escrúpulos para los negocios, nadie es monolíticamente una cosa. Se puede ser una persona que busca el bien común y aun así comportarte de forma egoísta para buscar la autopreservación. Se pueden tener buenas intenciones al hacer algo y aun así causar daño. Y su nombre es Galinda Upland. Frente a la maquinaria opresiva de Oz, se puede reaccionar de formas muy diferentes y nuestras dos protagonistas, Galinda y Elphaba, encarnan los polos opuestos. Exploremos cómo, porque, aunque la sociedad de Oz solo piense en blanco y negro, ellas dos son ejemplos fascinantes de personajes complicados: ni heroicas, ni villanas ni trágicas. Existen en las sombras de gris, de rosa y verde.

Tras la primera escena del musical, que es el final de la historia, volvemos a los días de universidad de ambas, cuando se conocieron. Galinda es rubia, guapa, rica, popular, querida y... mediocre. Torpe incluso. Está llena de un optimismo y una confianza que no son directamente proporcionales a su talento o sus capacidades. Tiene tanto carisma superficial que todo el alumnado y profesorado da por sentado lo mejor de ella y tolera sus transgresiones; claramente es una persona que nunca ha oído un *no* en su vida. De la gente hegemónicamente guapa siempre se presume bondad solo por cómo luce, véase el caso del asesino en serie Ted Bundy, el cual asesinó al menos a treinta mujeres en la década de 1970. No solo pudo ganarse la confianza de sus víctimas mediante su belleza, la cual le otorgaba un aura de inocencia, sino que incluso durante los juicios en los que se estaban demostrando sus brutales crímenes había muchísimas mujeres que se presentaban solo para mirarle. Este es un ejemplo absolutamente extremo del *pretty privilege*, el privilegio de belleza, que explica la ventaja social que reciben las personas atractivas, ya que a rasgos superficiales como la belleza se asocian subconscientemente aptitudes como la inteligencia, la inocencia y la fiabilidad.

Galinda se beneficia muchísimo de este sesgo, sobre ella siempre hay una presunción de talento. De esto va su canción estrella, *Popular*, que en superficie puede parecer simplemente una pieza de demostración vocal sobre lo chulo que es ser admirada, pero va mucho más allá. Galinda, incapaz de entender y empatizar profundamente con cualquier experiencia y forma de vida que no sea la suya, le canta este monólogo a Elphaba, de la cual se acaba de hacer amiga tras unas semanas odiándose. Ella cree de forma genuina y profunda que lo mejor y lo más valioso que puede hacer por alguien es enseñarle a encajar dentro de todos los códigos de comportamiento y de belleza... y de alguna forma retorcida tiene razón. A ella le funciona y consigue todo lo que quiere gracias a esta superficialidad, pero no se da cuenta de que esto solo es posible por las características socioeconómicas, raciales y de belleza con las que nació. La mayoría de las mujeres del mundo no poseen las ventajas estructurales que posee ella para llegar a ser su tipo particular de «popular». La liviandad es su mecanismo de supervivencia, porque no tiene un mundo interior o unas capacidades especialmente interesantes, así que necesita tener una fachada pulida para distraer, y *Popular* lo explica de una manera brillante. De forma muy similar a *Wonderful*, esta canción esconde tras su apariencia pizpireta y frívola un mensaje muy potente: lo más importante es cómo te percibe la gente, lo que se cree de ti, no genuinamente cómo eres. «Piensa en célebres jefes de Estado o comunicadores especialmente buenos. ¿Tenían cerebro o conocimientos? ¡No me hagas reír, eran populares!».* Hay bastante iro-

---

* *Think of celebrated heads of state or specially great communicators! Did they have brains or knowledge? Don't make me laugh! They were popular!*

nía dramática en esta frase porque tiene razón, el Mago es exactamente ese tipo de jefe de Estado, pero ellas todavía no lo saben y mantienen la esperanza en él. Casi al final de la canción canta algo clave para su personaje: «No se trata de aptitud, sino de cómo te ven, así que es muy astuto ser muy muy popular como yo».* Si no te pueden admirar por tus capacidades, distráelos con *show*. Y sí, quizá es una estrategia «astuta» o «perspicaz», pero lo que ella todavía no sabe es los costes emocionales y el trágico destino que le acarreará priorizar la popularidad sobre cualquier otra cosa.

Te habrás fijado en que he escrito *Galinda* en vez de *Glinda* y no, no es una errata. Si ves alguna errata de verdad en este libro, por favor, no se lo digas a nadie y no me lo hagas saber... Soy muy sensible. Se debe a que su nombre real es Galinda y así es como la conocemos casi todo el primer acto. Decide quitarse la primera *a* del nombre en un acto de falsa solidaridad por su profe-cabra Dillamond, el cual ha sido secuestrado y nunca la pudo pronunciar correctamente por el vibrato de su boca caprina. Este acto vacío de apoyo de la causa Animal es activismo performativo, una estrategia que consiste en fingir empatía y compromiso con un problema pero solo llevar a cabo actos simbólicos que no combaten activamente dicha injusticia. Ser referida como Glinda en vez de Galinda no va a ayudar a liberar a los Animales, pero, al anunciar este cambio delante de todo el alumnado como si fuese algo revolucionario, genera una imagen de solidaridad que hace que se la quiera aún más. «No se trata de aptitud, sino de cómo te ven». Como este cambio sucede justo antes de irse con Elphaba a ver al Mago, a partir de ese momento en la narrativa me referiré a ella como Glinda.

* *It's not about aptitude, it's the way you're viewed. So it's very shrewd to be very very popular like me!*

Cuando acaban pudiendo conocer juntas al Mago, es cuando queda claro que las visiones de nuestras dos jovenzuelas son incompatibles. Al enterarse del complot contra los Animales, a Elphaba se le tambalea todo el sistema de creencia en el Estado que la ha mantenido con esperanza toda su vida y toma la decisión de combatirlo, porque, como persona que ha vivido en sus carnes la injusticia, no se le ocurre otra manera. Glinda, en cambio, sabe perfectamente que el mundo es injusto y que se sustenta en estructuras desiguales que la benefician, por lo que no la sorprende la admisión del Mago. Aún con algo de duda, decide ser complaciente para conseguir un espacio de poder dentro del sistema, porque piensa que la única forma de hacer algo es desde dentro... La pobre vive con un debate interno toda la puta obra. Diría que el más grande es su lesbianismo, pero eso no es canon, así que se lo dejo explorar a mis chicas de Wattpad. Esta es la escena del temón estratosférico que es *Defying Gravity*,* en la cual Elphaba y Glinda se despiden porque, aunque se quieren mucho, entienden que hay algo central en ellas que es incompatible. Elphaba aprende a controlar su poder y consigue escapar volando, mientras que Glinda se resigna a quedarse dentro del mecanismo político del Mago para cumplir sus propias ambiciones.

Elphaba no podría haber tenido un primer acto (y una vida) más diferente. Al haber sido repudiada y maltratada emocionalmente por su padre desde su nacimiento, rechazada por su hermana Nessa, además de burlada por sus compañeros, su mera existencia verde es un acto de resistencia. Vive ligeramente a la defensiva, rodeada de una muralla emocional que se ha construido con los ladrillos sociales que le han lanzado a la cara. Siempre ha tenido el poder de la magia, pero, al ser ignorada por todos los

---

* «Desafiando la gravedad».

sistemas, que han asumido lo peor de ella, lo ha comprendido como un problema que ocultar, no como algo altamente especial y valioso. Cuando llega a la universidad y Madame Morrible reconoce su talento, es cuando se enciende su esperanza y ve posible cumplir el sueño de su vida de trabajar con el Mago, lo cual la catapulta a cantarse *The Wizard and I*. Esta es su *I Want Song*,[8] una canción del primer acto en la que un protagonista nos expresa su descontento con sus circunstancias actuales y sus sueños de alterar su realidad. «Esta rara peculiaridad que he intentado suprimir u ocultar... ¿es un talento que me podría ayudar a conocer al Mago?»,* dice al principio, abriéndose la veda para soñar con cómo será su vida cuando sea admirada y querida por todo el mundo por su cercanía a él. Hay una ironía dramática muy cruel aquí cuando dice «juro que algún día habrá una celebración por todo Oz que tendrá que ver solo conmigo»,† lo cual se acaba cumpliendo, pero lo que se celebra no es su talento o buen hacer, sino su muerte. Además, nosotros como audiencia, que ya hemos visto esa primera escena y conocemos el final de *El mago de Oz*, en el cual Dorothy la mata con un cubo de agua, sabemos que efectivamente «será tan feliz que podría derretirse».[9]‡ Aquí hay muchas capas... como en una cebolla... o como en *Shrek*, la cual también es una parábola sobre la racialización donde un protagonista atípico de piel verde se enfrenta a un tirano propagandístico en un intento de tener una vida más tranquila... Da que pensar. *The Wizard and I* es una canción fantástica porque es paradigmática a la vez que rompedora en el canon de las *I Want Songs*, ya

* *This weird quirk I've tried to suppress or hide is a talent that could help me meet the Wizard.*

† *I swear someday there'll be a celebration throughout Oz that's all to do with me.*

‡ *I'd be so happy I could melt.*

que su deseo se acaba cumpliendo (conoce al Mago y este le ofrece un puesto) solo para desmoronarse prácticamente de inmediato y sin una forma de reavivarlo o reconducirlo. Además, todo esto sucede al final del primer acto, lo cual es rarísimo estructuralmente y deja carta blanca para un delirante segundo acto.

Inciso: en la mayoría de los musicales que tienen una *I Want Song*, ese deseo se acaba cumpliendo al final de la obra. El protagonista consigue lo que quería después de superar una serie de obstáculos, lo cual es satisfactorio para la audiencia que ha seguido toda su travesía. Por ejemplo: en *La Sirenita*, Ariel canta al principio *Parte de él*, expresando su anhelo de ser humana y vivir en tierra por su insatisfacción oceánica adolescente. Tras varios contratiempos, al final de la historia acaba derrotando a la pulpa *drag queen* Úrsula, recupera su voz y se casa con el príncipe buenorro, con el cual puede incluso tener una hija. No me voy a meter en el tema de la fertilidad de las sirenas en la saga de *La Sirenita* porque le he estado dando demasiadas vueltas y ninguna de mis conclusiones es satisfactoria.

Entre el primer y segundo acto, pasa diegéticamente alrededor de un año durante el cual Glinda ha ascendido dentro del gobierno para convertirse en una especie de portavoz, oficialmente bautizada como «Glinda la Buena» por el Mago. Comienza esta segunda parte con nuestra rubia cantando *Thank Goodness*, un título con doble acepción y doble traducción: significa tanto «gracias a Dios» dicho de una forma políticamente correcta (sin mencionar el nombre de Dios en vano), pero también «gracias a la bondad»... Comenzamos un acto más con una clara demarcación entre lo bueno y lo malo. Este pedazo de escena es otra clase magistral en composición: Glinda lidia en tiempo real con la presión de ser una figura pública que tiene que fingir que todo está fenomenal, que su vida es perfecta y que gracias a ser buena persona todos sus sueños se han cumplido sin fisuras. Sin embargo, es consciente de que está participando activamente en un sistema que está demonizando y buscando la muerte de su mejor amiga; todo por mantener su estatus y no ponerse a sí misma en el mínimo peligro. Otra vez vemos una manifestación de su conflicto interno: ha conseguido todo lo que quería pero no es lo que esperaba y no sabe cómo gestionarlo, por lo que sonríe al público mientras se traga su decepción, tristeza y dolor. Glinda no es una persona malvada *per se*, genuinamente cree que está haciendo el bien al generar una falsa sensación de calma en la población general, evitar el conflicto y asegurarse su propia movilidad social ascendente.

Aquí entra en juego un concepto fascinante: la «banalidad del mal», acuñado por la historiadora y filósofa judía Hannah Arendt en 1963. En 1961 fue enviada por la revista *The New Yorker* a escribir un artículo sobre el juicio de Adolf Eichmann, uno de los principales arquitectos del Holocausto. Ella esperaba encontrarse a un monstruo, un hombre claramente perverso y malvado, ya que fue una de las cabezas pensantes de la *Endlösung der Judenfrage*, la «solución final a la cuestión judía», el plan genocida de los nazis. Sin embargo, se encontró con algo casi más inquietante: un hombre mediocre y gris, carente de pensamiento crítico, que simplemente había seguido una serie de órdenes progresivas y había cumplido con su deber administrativo. De ahí surgió su idea de la «banalidad del mal»: este no tiene por qué ser premeditado y demoniaco, sino que muchas veces surge del conformismo y la pasividad. Personas comunes, sin motivaciones perversas, pueden cometer atrocidades por no reflexionar, por ignorar su responsabilidad personal y por seguir órdenes sin cuestionarlas para evitarse la incomodidad o el sufrimiento. De alguna forma es comprensible. Si las opciones son: o te torturamos y matamos o participas de manera indirecta, sin mancharte las manos, en un genocidio y te haces rico... me temo que mucha gente elegiría la segunda. Esto no le quita responsabilidad de sus actos, por supuesto, pero explica por qué los cometió. Aunque son escalas completamente diferentes, cuando te compras una camiseta en una tienda de moda rápida, ¿te planteas si la ha cosido un niño en Vietnam cobrando una miseria dentro de una infraestructura peligrosa? Cuando te compras unas fresas, ¿reflexionas sobre cuán ética ha sido su cosecha? ¿Acaso no conoces conductas turbias de personas que ostentan algún tipo de poder sobre ti pero no las sacas a la luz por miedo a que peligren tu puesto de trabajo, comodidad o estatus social? ¿Cuando ves una persona en situación de calle, reconoces siempre su humanidad y la ayudas, o pasas de largo? Todos participamos en sistemas de opresión basados en el conformismo, pero eso no nos convierte en personas malvadas necesariamente. Es fácil juzgar a Glinda y pensar que es débil, falsa y egoísta, pero la mayoría de nosotros habríamos hecho lo mismo o algo similar. Lo raro es lo que hace Elphaba: renunciar al único sueño de su vida y tirarse al vacío por no querer contribuir, siquiera pasivamente, en un sistema corrupto.

«Queridos ozmitas, por muy aterrador que sea el terror, ¡dejemos a un lado nuestro pánico por un día y celebremos!»,* le dice Glinda al público que busca en ella consuelo del pánico brujil que su mismo gobierno ha generado por las supuestas malvadas, violentas y terroríficas acciones de la bruja verde. Es un plan perfecto: se inventan un problema y ellos mismos te lo resuelven, ¡qué bueno es el Mago, muchas gracias! Elphaba ya es oficialmente ese «muy buen enemigo» del que hablaba el Mago, y la

---

* *Fellow Ozians, as terrifying as terror is, let us put aside our panic for this one day, and celebrate!*

han deshumanizado tanto que se han generado todo tipo de rumores absurdos sobre ella, como que tiene un ojo extra que siempre está abierto, que puede mudar de piel cual serpiente o que su alma es tan sucia que el agua pura puede derretirla.[10] Todo es mentira, ha estado escondida sin hacer nada, y vuelve tras esta escena a la habitación de su hermana entrando... por el armario. Literalmente sale del armario para hablar con su hermana Nessa... Yo no puedo más con tanto subtexto sáfico no resuelto.

Quienes conozcan bien la obra sabrán que he estado ignorando activamente a dos personajes bastante relevantes: Fiyero (el interés romántico de Glinda, el cual la deja tras su ascenso tan demagógico al poder para irse con Elphaba) y Boq (al cual le gusta Glinda pero acaba con Nessa). Los hombres en *Wicked* son, con todo mi cariño, recursos para hacer avanzar la trama, lo genuinamente profundo e interesante es la dinámica entre nuestras brujitas. Eran los 2000 y es un megamusical, así que no puede faltar un interés romántico (heterosexual) para anclar todo y que nosotros como público queramos que a la chica verde le den unos besitos tras tantas hostias sociales. Esta dinámica nos da dos canciones fantásticas, una en el primer acto sobre el amor no correspondido, *I'm Not That Girl*,* y el dúo de amor del segundo, *As Long As You're Mine*.† Es importante mencionarlos ahora porque sus destinos en el segundo acto son interesantes.

Cuando Elphaba se reencuentra con su hermana Nessa, esta es ahora la gobernadora de Munchkinland, puesto que ostentaba su padre hasta su reciente muerte. Al heredar el cargo, se ha convertido en una tirana, imponiendo su poder a base de miedo, revocando libertades a los civiles y manteniendo a Boq, del cual

* «Yo no soy esa chica».
† «Mientras que seas mío» (o mía, mine no tiene género en inglés).

está enamorada, cerca de ella de forma forzosa. Nessa nació con una discapacidad que la mantiene en una silla de ruedas, lo cual se presenta como su frustración vital en la obra, ya que se siente como una carga. El musical parece darnos a entender que al estar en silla de ruedas se siente tan frustrada que no ve otra opción que ser autoritaria y usar la coerción tanto para que se la respete como para que se la quiera. Esta forma de plasmar los procesos mentales de una persona en silla de ruedas es muy reductiva y turbia: Nessa es la hija predilecta en todos los sentidos, viene de una familia de dinero y su discapacidad no le ha impedido ni educarse ni conseguir un puesto de poder... ¿Por qué iba a sentir tanta rabia o decepción por su discapacidad, si ha nacido con ella y no conoce otra cosa? ¿Es porque se escribió en los 2000 y se entendían las discapacidades como algo que debe generar pena y rabia? Probablemente. De hecho, Elphaba, en un intento de ayudarla con esta frustración, coge el *Grimmerie* (que ha robado del palacio del Mago) y hechiza los zapatos de su hermana, permitiéndole andar. Al levantarse de la silla, ella siente que todos sus problemas están resueltos y que por fin Boq la podrá querer... pero nada más lejos de la realidad. Boq sigue odiándola porque el problema no es su discapacidad, sino que lo tiene prácticamente secuestrado. Evidentemente. Nessa, en otro acto de desesperación, coge el *Grimmerie* e intenta pronunciar un hechizo de amor sobre él. Como este libro puede generar resultados inesperados y terribles si es leído por alguien sin entrenar (como le había pasado a Elphaba con las alas de los monos), el corazón de Boq empieza a encogerse. Al ver que está a punto de morir, Elphaba, también en otro acto de desesperación por salvarle la vida, lee otro hechizo. Su resultado es tan inesperado, tan loco y tan metálico... Boq pierde su corazón y se convierte en el hombre de Hojalata de *El Mago de Oz*. Recuerdo la primera vez que vi *Wicked* en Londres en 2017 tras años escuchando la música sin realmente conocer la trama... Me quedé tieso. Esta transformación es un poco tosca desde el punto de vista narrativo y no está especialmente justificada, solo forma parte de una serie de estrategias para conectar el final de *Wicked* con el final de *El mago de Oz*, los cuales se solapan. Cuando Boq despierta y siente su cuerpo de hojalata, Elphaba ya ha huido, así que Nessa culpa a su hermana ausente de esta transformación... Otra mentira que echa gasolina a la hoguera del odio nacional.

Elphaba acaba huyendo con Fiyero, que tras el ascenso al poder de Glinda ha visto su lado oscuro y se ha admitido finalmente sus sentimientos por Elphaba. Se cantan su dúo de amor altamente sensual, en el que ella está todavía intentando procesar no solo que la quiera, sino también el simple hecho de que un hombre se sienta atraído por ella. «Ni en mis sueños más salvajes podría haber previsto estar acostada a tu lado y que tú me desees».* *As Long As You're Mine* es su despertar sexual, su *Caro Nome*, su *Like a Virgin*. Sin embargo, él acaba siendo raptado y torturado porque los pillan y, como capitán de la guardia del Mago (puesto que había conseguido por su cercanía a Glinda), no puede tener romances aventureros con fugitivas. Esto es la gota que colma su verde vaso y decide mandarlo todo a la mierda, absolutamente nada le ha salido bien: es la enemiga pública número uno, su padre (que la odiaba) está muerto, su hermana la detesta, ha convertido por accidente a Boq en un hombre de hojalata, su vínculo con su mejor amiga está prácticamente roto, no está pudiendo ayudar a los Animales y encima le quitan al único hombre que se ha interesado por ella.

---

* *My wildest dreamings could not foresee lying beside you with you wanting me.*

¿Y qué se hace en un musical cuando un protagonista revienta casi al final? Darle un *11 o'clock number*,[11] por supuesto.
No Good Deed* es su momento de dar un puñetazo en la mesa.
«Ninguna buena acción queda sin castigo. Ningún acto de ca-
ridad queda sin resentimiento».† Su sentido del propósito está
fracturado y su brújula moral, desubicada. Todas sus acciones
moralmente rectas y con buenas intenciones han tenido consecuencias catastróficas: por intentar ayudar a los Animales, pierde el sueño de su vida; por rechazar la oferta laboral del Mago,
es tachada de traidora y desterrada; por intentar salvar a Boq,
lo transforma en el hombre de hojalata; por liarse con Fiyero,
lo están torturando. Nuestra brujita se colapsa internamente
porque ha perdido todo el idealismo que la caracteriza: el cinismo de Oz ha podido con ella. Le han hecho tanta luz de gas
socialmente que incluso llega a cuestionarse la pureza de sus
motivaciones, con la pregunta: «¿Realmente buscaba el bien o
buscaba atención?».‡ Es una pregunta muy interesante, porque ¿quería hacer el bien por un motivo completamente altruista o por ser percibida por los demás como buena? ¿Son
acaso incompatibles? Es difícil imaginarse un acto (de cualquier tipo) pura y completamente filantrópico, ya que al ayudar a otra persona también te estás generando confort interno
y una imagen externa de bondad. Las personas necesitamos ser
percibidas y reconocidas por los demás para construir nuestra
identidad moral, que no puede existir sin intersubjetividad.[12]
Elphaba vive en un mundo que sistemáticamente la malinter-
preta, la ignora y la margina, por lo que la necesidad de ser

---

* «Ninguna acción buena».
† *No good deed goes unpunished, no act of charity goes unresented.*
‡ *Was I really seeking good or just seeking attention?*

vista y apreciada que lleva expresando desde *The Wizard and I* no es superficial, sino una búsqueda profunda de validación existencial. Se puede ser generoso y aun así hacerlo un poco por sentirte bien, se puede ayudar genuinamente pero también pensando que en el futuro esa persona te ayudará... La respuesta a esta pregunta, como todo en esta obra, está en algún punto intermedio y eso la hace tan fascinante: se exploran los grises morales mediante un mundo que clasifica todo como bueno o malo sin matiz.

Estos grises se presentan también en la relación de nuestras protagonistas. Profundamente diferentes en sus experiencias vitales y con visiones del mundo irreconciliables, no les queda otra que aceptar que se quieren, a la vez que aceptan que su amistad es imposible y se han de separar. *For Good* es el momento en el que lo comprenden, su dúo final, su despedida última. *For Good* tiene un doble sentido y doble traducción, como ya hemos visto varias veces en esta obra: puede significar tanto «para siempre» como «para el bien». Este doble sentido es el núcleo de la canción y uno de los pilares de la obra: la transformación personal puede no arreglar el mundo, pero sí puede reconfigurar el sentido vital propio. En el caso de Glinda, que ha pasado de ser una joven superficial e ingenua a convertirse en una figura política atrapada en las contradicciones del poder, su vínculo con Elphaba la ha obligado a mirar el mundo desde otra óptica. Ha aprendido que hay verdades muy ásperas y duras que no se pueden suavizar con carisma ni barrer bajo la alfombra del protocolo. Para Elphaba, por su parte, Glinda ha sido la primera persona que la ha visto más allá de su piel verde, más allá de eso que ha mantenido a todo el mundo a cierta distancia. Ha sido, probablemente, su único refugio afectivo (Fiyero no cuenta... o sea sí cuenta, pero a mí me da igual) y «estará con ella como una huella de mano en el corazón».* Aunque sus caminos vitales sean irreconciliables, ya que una elige luchar desde los márgenes y la otra lo intenta desde dentro del sistema, ambas reconocen que sus biografías han quedado entrelazadas para siempre. «Sea cual sea el final de nuestras historias, sé que tú has reescrito la mía al ser mi amiga».† Pelos de punta. Qué bonita es la amistad. Decidles a vuestras amigas que las queréis, nunca sabes si un sistema político os las va a arrebatar, fuera de coñas.

Como pensamientos finales, mientras me limpio las lagrimitas que me han salido al pensar en mi mejor amiga, esta obra fue un pedazo de éxito de taquilla no solamente porque era una precuela de una propiedad conocida, sino porque de forma bastante sutil estaba hablando del contexto bélico que se vivía fuera del teatro, además de hacer comentarios muy profundos, complejos y grises sobre la moralidad humana mediante nuestras dos protagonistas altamente imperfectas. Elphaba es como una heroína de una tragedia griega, cuya *hamartia*[13] sería su inquebrantable integridad moral. Desde que nació, solo ha conocido el rechazo, la burla y el ostracismo por su piel verde, por lo que ha dado por perdida su propia lucha y la ha sustituido por una profunda llamada de ayudar a los demás. Su empatía y búsqueda de la justicia para todo el mundo le generan muchísimos problemas: en su intento de ayudar a los Animales, Nessa o Fiyero, se olvida de ayudarse a sí misma y procurarse una existencia más tranquila. Comienza la obra con esperanza y hasta casi inocencia en *The Wizard and I*, la cual se va raspando y reduciendo con cada hostia que le da la trama, hasta llegar a su explosión: *No Good Deed*.

---

* *You'll be with me like a handprint on my heart.*

† *Whatever way our stories end, I know you have re-written mine by being my friend.*

Galinda, al contrario, es la autopreservación personificada, su defecto trágico sería la priorización de lo superficial. Es una figura trágica también, pero de manera más silenciosa. Criada para ser querida, admirada y celebrada, ha aprendido a sobrevivir encajando en las estructuras del poder, confiando en que desde dentro quizá podrá hacer el bien sin sacrificar su posición. Sin embargo, esta elección constante de la imagen sobre la acción, del reconocimiento por encima del talento, que expresa en *Popular*, acaba vaciándola completamente por dentro, hasta llegar a su crisis interna de *Thank Goodness*. A diferencia de Elphaba, Glinda no explota al final de la obra: se endurece y se queda, como un escollo erosionado pero firme. En la última escena no está derrotada, pero sí sola, teniendo que lidiar con la conciencia de que ha perdido a la única persona que vio más allá de su máscara y la obligó a ser mejor, Elphaba. *Wicked* fue tan revolucionario en el género porque, tras un par de décadas de megamusicales completamente anodinos a nivel político, incluso el público más casual tenía sed de sustancia en las megaproducciones. Los mensajes políticos y los dilemas éticos sin resolver parece que calan mejor si vienen de la mano de un chascarrillo o una señora pintada de verde reventándose los pulmones *belting* un fa agudo.

CAPÍTULO 8

WAITRESS

LA RECETA FAMILIAR ES EL TRAUMA

And I know in due time, every right thing will find
*its right place.**

Esto canta Jenna, la protagonista de *Waitress* al final de la obra, cuando acaba de dar a luz a su hija y minutos después ha mandado a la mierda a su marido abusador. Este momento tan vulnerable en el hospital se convierte en algo épico al musicalizarlo y ponerlo en el escenario: la heroína ha atravesado todo tipo de obstáculos y violencias para llegar a este punto de reafirmación personal y catarsis. Como en un Tetris vital provocado por las hormonas del parto, todo ha caído en el sitio donde encaja y ahora está preparada para afrontar su nueva vida junto a su hija Lulu, con la ayuda de la red de amigas que ha conformado el corazón de la obra. Jenna no solo está reafirmándose a sí misma, sino que está rompiendo un ciclo de abuso transgeneracional: su madre también fue víctima de violencia machista y se niega a que su hija crezca al lado de un hombre inestable, violento y

* «Y sé que, a su debido tiempo, todo lo correcto encontrará su lugar».

manipulador. Nos encontramos ante un musical apabullante que consigue hacer de lo más íntimo lo más transcendental.

Waitress, con letras y música de Sara Bareilles, se estrenó en Broadway en abril de 2016. La década de 2010 supuso muchos cambios para el panorama teatral neoyorquino y este musical tiene todos los ingredientes de la época mezclados y horneados en una linda tarta.[1]* Tras la crisis económica y posterior recesión de 2008, se empezaron a tomar decisiones diferentes al montar nuevos musicales, principalmente porque el dinero era más difícil de reunir y las megaproducciones son estúpidamente caras. Una crisis económica puede ser suficiente para generar un cambio de paradigma teatral, pero, en este caso, el culpable es más concreto: tiene nombre y apellido. Se llama Peter Parker y él es nada más y nada menos que Spider-Man. Fuera de coñas. Justo al comienzo de la década y solo tres años después del colapso de los mercados, en 2011 se estrenó en Broadway *Spider-Man: Turn off the Dark*, compuesto por el cantante y el guitarrista de U2: Bono y The Edge, respectivamente. Fue concebido como el nuevo supermegamusical, y tanta confianza tenían en que iba a ser un éxito que reunieron 52 millones de dólares de presupuesto y llamaron a la galardonada Julie Taymor para dirigirlo. Taymor es la directora y diseñadora de vestuario de la producción original de *The Lion King*, el cual es a día de hoy el musical más exitoso de la historia, con una recaudación mundial de más de 8.000 millones de dólares.[2] Partimos entonces de muchísimo dinero, una directora respetada que sabe montar un gran espectáculo, compositores famosos y uno de los superhéroes más icónicos, ¿qué puede salir mal? Bueno, pues todo.

---

* *She is all of this mixed up and baked in a beautiful pie.* Letra de *She Used to be Mine*.

A nivel práctico, la puesta en escena era demasiado ambicio-
sa: había pasarelas flotantes a diez metros de altura, veintisiete
escenas diferentes en las que los personajes volaban, todo tipo de
acrobacias aéreas por encima del patio de butacas... El presupuesto se quedó corto rápidamente y tuvo que ascender a 75 millones de dólares, lo que la convirtió en la producción más cara de
la historia de Broadway. A nivel narrativo, tampoco funcionaba:
se inventaron una villana nueva basada en el mito griego de Arac-
ne y, además, había cuatro adolescentes que funcionaban como
un coro griego que iba narrando la obra. Estas decisiones generaron muchos conflictos internos porque los productores y Marvel
pedían una trama menos mitológica e intelectual y más comprensible por toda la familia, pero Taymor estaba atadísima a esta
idea... lo cual supuso que la echaran en mitad de las funciones
previas y la sustituyeran por un señor. La obra acabaría teniendo
182 funciones previas antes del estreno, también un récord,[3] ya
que había muchísimos problemas y fallos técnicos, como trampi-
llas y plataformas hidráulicas fuera de control, cuerdas de vuelo
que fallaban o elementos de escenografía que se atascaban. Lo
más grave es que seis interpretes resultaron heridos de gravedad
durante las funciones, incluyendo conmociones cerebrales, frac-
turas de cráneo y costillas, latigazos cervicales... *Spider-Man:
Turn off the Dark* acabaría bajando el telón el 4 de enero de 2014
y dejando un legado de choques creativos, lesiones del elenco y
unas pérdidas de aproximadamente sesenta millones de dólares,
¡otro récord!

Spider-Man fue la gota que colmó el vaso de la ambición de los
musicales de los dos mil, una década que vio el surgimiento de
producciones grandiosas y complejas técnicamente, en muchas
ocasiones basadas en propiedades intelectuales preexistentes,
como *Aida* (2000), *We Will Rock You* (2002), *Mary Poppins*

(2004) o *Shrek: The Musical* (2008). En la década de 2010, se observó un poco lo contrario, el péndulo osciló en la otra dirección tras este fracaso tan estrepitoso, tan caro, tan público y tan mediático.[4] Empiezan a surgir obras de menor espectacularidad, con elencos más reducidos, agrupaciones instrumentales más pequeñas y un tono más confesional e íntimo. Obras donde lo cotidiano se hace grande y se celebra, donde la gente puede verse reflejada de manera muy directa, lo cual además encaja perfectamente con las necesidades económicas de la época: hacer algo más pequeño es inevitablemente más barato. Empiezan a interesar temas más políticos y reivindicativos, como la salud mental (*Dear Evan Hansen*, *Jagged Little Pill*), y se observa el surgimiento de voces históricamente periféricas como las personas LGTBIQ+ (*Fun Home*, *The Prom*), personas racializadas (*Shuffle Along...*, *Ain't Too Proud*) o mujeres, como en *Waitress*.

Waitress fue el primer musical de la historia de Broadway en el que los cuatro puestos creativos principales los ocuparon cuatro mujeres: compositora y letrista (Sara Bareilles), libretista (Jessie Nelson), directora (Diane Paulus) y coreógrafa (Lorin Latarro). Esto que acabo de decir es verdad, pero también es mentira. Es un tecnicismo, una cuestión de semántica. Fue el primero en tener a cuatro mujeres *diferentes* en esos roles, pero no el primero en tener *solo* mujeres en esos roles. En 1978 se había estrenado *Runaways*, con música, letras, libreto, dirección y coreografía de una misma mujer: Elizabeth Swados, y en 1984 se estrenó *Quilters*, con música, letras y dirección de Barbara Damashek y libreto de ella misma junto a Molly Newman. Sin embargo, la mayoría de los medios, como *Playbill*,[5] *Vanity Fair*[6] o *Vogue*,[7] dijeron tajantemente que *Waitress* estaba haciendo historia como el primer musical de Broadway con equipo creativo íntegramente femenino. Esto me hace pensar que el equipo de prensa del musical lo explicó así, sin matices, lo cual nos habla del interés de esa década por las historias contadas por, sobre y para mujeres. Si se hubiera estrenado diez años antes, quizá esa particularidad no habría sido tan remarcada y, de hecho, cuando *Runaways* y *Quilters* se estrenaron, la prensa de la época se centró más en lo que contaban y en el estilo experimental de las obras que en su creación íntegramente femenina. Independientemente de los tecnicismos o de los techos de cristal, se nota que este musical está creado por mujeres, ya que sus tres personajes femeninos protagónicos son muy diversos en sus personalidades y experiencias, además de muy complejos, sin clichés reductivos. El final emancipador de la protagonista no depende de un hombre, no es «rescatada» de sus circunstancias, sino que ella decide escapar. Además, el musical está basado en la homónima película de 2007 escrita y dirigida por otra mujer, Adrienne Shelly, la cual consiguió crear una película respetada críticamente y económicamente exitosa en un año en el que solo el 6 por ciento de las películas estadounidenses más taquilleras fueron dirigidas por mujeres.[8] Se tratan temas como lo engorroso de un embarazo no deseado, el miedo a ser «mala madre», la violencia doméstica o la precariedad económica femenina de una forma que, honestamente, un hombre nunca podría haber escrito o puesto en escena con tanto matiz y empatía.

Otra de las consecuencias del *crash* económico de 2008 fue la búsqueda de otros «ganchos» que pudieran atraer al público, ya que *Spider-Man* demostró que una franquicia multimillonaria no era necesariamente suficiente. Ahí entran los cantautores, que llegaban a Broadway con millones de seguidores y una marca personal conocida, lo cual podía reducir los costes publicitarios y tranquilizar a los inversores: si esta persona puede llenar un estadio, puede llenar un teatro. Este modelo demostró su rentabilidad en 2012 con el éxito del musical *Once*, basado en la película del mismo nombre, el cual recuperó su inversión inicial de 5,5 millones de dólares (un precio baratito en términos de Broadway) en solo seis meses. Su partitura, compuesta por el dúo *indie* Glen Hansard y Markéta Irglová, está basada en el folk irlandés y principalmente usa instrumentos acústicos, que los propios actores-cantantes tocan en directo. Después de este *hit*, Cyndy Lauper compuso *Kinky Boots*, Alanis Morissette cedió su disco *Jagged Little Pill* para ser adaptado, Anaïs Mitchell convirtió su álbum conceptual homónimo en *Hadestown* y, por supuesto, Sara Bareilles compuso *Waitress*. Un artículo de 2019 titulado «Divided by a Common Language: Musical Theatre and Popular Music Studies»[9] explica que la llegada de cantautores a Broadway instala en el teatro musical un estilo «pop-vernáculo». Se refiere a un vocabulario melódico y rítmico que nos es familiar y reconfortante como público porque lo escuchamos todos los días en Spotify, en anuncios o en la radio. Por ejemplo: las canciones empiezan a tener estribillos o melodías pegadizas como en una canción de pop, aun con sus ambiciones teatrales y narrativas. Esta identidad musical hace estos musicales muy accesibles, reduciendo la distancia entre espectador y escenario e invitándolo a empatizar con los personajes de inmediato, porque hablan (cantan) en un idioma (estilo) que conoce. También permite que las tramas sean más íntimas, ya que, al usar música que conecta y habla al público de manera inmediata, libera al musical de la obligación de ser grandilocuente o épico.

Esto fue exactamente lo que me pasó a mí; yo soy exactamente ese público que fue interpelado. El 28 de septiembre de 2015, tres días después de su lanzamiento en Spotify, me encontré en mi biblioteca una canción llamada *She Used To Be Mine*. Llevaba obsesionado con Sara Bareilles como cantautora un par de años, escuchándome en bucle su espectacular disco «The Blessed Unrest». Aunque no lo reconozcáis por su nombre, tiene canciones muy conocidas como *Love Song, Gravity* o *Brave*, que estoy seguro de que reconoceríais porque es música que ponen en cafeterías gentrificadas y en montajes de vídeos de bodas. Desconocía que fuera a sacar un nuevo disco, así que miré la portada, en la cual sale ella apoyada en una barra de bar con un delantal azul. El título decía: *What's Inside: Songs From Waitress.** Pensé que ese *Waitress* sería su nuevo disco, pero, en cuanto reproduje esa canción, entendí sin que nadie me lo explicara que era algo más... *She Used To Be Mine* no era una nueva canción de Sara, era el *11 o'clock number* del musical que había compuesto y que se estrenaría en Broadway en abril del año siguiente, en el cual la embarazada Jenna expresa su profunda insatisfacción con la vida dentro de la cual ha acabado. Fue un inmediato *shock* a mi sistema, una hostia emocional como un camión de mercancías y uno de esos pocos momentos en la vida en los que presencias algo y piensas: «Oh, no, esto va a ser un problema para siempre». Ya había entrado muy tímidamente en el mundo de los musicales en mi temprana adolescencia gracias a la serie *Glee* (2009-2015), sobre un coro de adolescentes desquiciados, en la que se versionaban muchas canciones de musicales. Había escuchado el *cast recording* de *Wicked*, había visto las películas de *Les Misérables, Nine* o *Sweeney Todd*, pero no fue hasta aquella noche de 2015 en la que Sara Bareilles me cogió de la mano que empezó mi amor profundo por este maravilloso mundo. Le debo tanto...

Ese disco, *What's Inside: Songs From Waitress*, el cual saldría íntegro un mes y medio después, es un artefacto cultural muy peculiar dentro del teatro musical. No fue la primera vez que se lanzaron versiones de las canciones de un musical antes de su es-

---

*   «Qué hay dentro: las canciones de *Waitress*».

treno, pero esto normalmente sucede en formato *concept album*. Este término se refiere a discos concebidos como una obra narrativa, cuyo hilo argumental permite imaginar una dramaturgia antes de que exista siquiera un montaje. Algunos se crean con la clara intención de escenificarlos algún día (*Jesus Christ Superstar, Chess*) y otros ganan tal popularidad que acaban desarrollándose como musicales (*Hadestown*). El disco de Sara es único porque adapta las canciones que ella misma había escrito para el musical a su propio estilo, como si fuese un disco estándar de su catálogo. En este momento, el musical ya se había estrenado en un *tryout* en Cambridge, Massachussets, pero quedaban unos meses para que llegara su versión definitiva a Broadway, en la cual se cortaron o alteraron algunos de los números presentes en el disco. Sara Bareilles dio dos razones para grabar y sacar este disco, por un lado: «Creo que hay algo muy poderoso en ir a ver un *show* con un hilo de familiaridad»,[10],* por otro: «Es totalmente una forma egoísta y completamente narcisista de permitirme cantar las canciones del *show* antes de dejarlas ir y pasarle el relevo al elenco».[11], † Fuera narcisismo o estrategia o una mezcla de ambos, el caso es que funcionó, porque el disco tiene más de 265 millones de escuchas combinadas en Spotify y llegó al número 10 de ventas en las listas estadounidenses. Este disco fue la puerta de entrada para muchas personas, incluyendo un servidor, a este delicado y pequeño universo en el que la repostería es un mecanismo de afrontamiento, las mujeres ponen los cuernos sin ser castigadas en el infierno y la maternidad no es simplemente un camino de sonrisas y gratitud.

---

* *There's something really powerful about going and seeing a show with a thread of familiarity.*

† *The record is completely self-indulgent. It is totally a selfish, fully narcissistic expression for me to allow myself to sing the songs from the show before I hand them over and pass the baton to the cast.*

La obra nos presenta la historia de Jenna, una camarera cuya pasión es hacer tartas,[12] que le ayudan a procesar los momentos difíciles y a celebrar los positivos. De forma similar a Molina en *Kiss of the Spider Woman* con los números de Aurora, Jenna se disocia en momentos de mucha emoción para inventarse recetas que canalicen lo que está sintiendo y así poder gestionarlo mejor. Una de las primeras que le escuchamos mencionar es *Betrayed by my Eggs Pie*, que se traduce como «tarta de traicionada por mis óvulos», ya que en inglés *eggs* significa tanto huevos de animal como óvulos. Y es que Jenna descubre que está embarazada al principio de la obra, durante la divertidísima canción *The Negative*,* en la cual sus amigas y compañeras de trabajo Becky y Dawn la presionan para hacerse un test en el baño. Es un embarazo no deseado, fruto de un desliz etílico: «Hago cosas estúpidas cuando bebo, como acostarme con mi marido».† Jenna está atrapada en un matrimonio abusivo con Earl, un hombre al que ya no quiere, pero no tiene la independencia económica ni la autoestima o claridad mental suficientes para entender que puede escapar. Su relación con este embrión recién hecho es muy complicada y muy atípica para el teatro musical. En su primera visita al ginecólogo tiene una ensoñación musical fruto de su ansiedad en la cual tres mujeres embarazadas, que de alguna forma son sus pensamientos, se refieren al embrión como el «precioso pequeño parásito».‡ Empieza fenomenal este vínculo.

En todo momento, Jenna deja claro que no desea el embarazo pero tampoco se plantea interrumpirlo voluntariamente. No es porque la obra o ella promulguen un mensaje antiabortista,

* «El negativo».
† *I do stupid things when I drink, like sleep with my husband.*
‡ *Precious little parasite.*

sino que ella misma decide seguir adelante porque así lo quiere. De hecho, se le ofrece el contacto de una clínica donde podría abortar, pero tajantemente dice: «No quiero este bebé. Lo voy a tener».* Este oxímoron resume una de las tesis de la obra: la autonomía reproductiva no se mide por el blanco o negro de abortar o continuar la gestación, sino por el derecho a decidir sin coacciones externas. Esta idea enlaza directamente con el movimiento de justicia reproductiva, el cual tiene tres principios básicos: una persona con la capacidad de gestar debería tener derecho a: tener hijos (si son deseados), no tener hijos (incluyendo el recurso a anticonceptivos y al aborto) y llevar a cabo la crianza en un entorno seguro y saludable. Jenna en este momento está ejerciendo el primer derecho: quiere tener a la criatura aunque tiene acceso al segundo, el aborto, pero ese bebé no crecería en un entorno seguro teniendo un padre abusivo. Conseguir esa tercera cláusula de la justicia reproductiva, ese entorno seguro y saludable tanto para el bebé como para ella misma, será el motor central de su arco como personaje.

La violencia que sufre Jenna por parte de su marido no se basa en lo físico, ya que solo vemos amagos de violencia corporal, nunca una paliza o un golpe. Pero esto no le quita gravedad. El musical dibuja con precisión lo que el sociólogo Evan Stark acuñó en 2007 como «control coercitivo», un patrón de violencia machista que tiene tres ejes: la intimidación, el aislamiento y la apropiación de recursos. Earl controla cada esfera de su existencia: la intimida con ademanes de violencia física e instancias de violencia verbal, la intenta aislar de sus amigas y se lleva sus propinas como camarera, las cuales son necesarias para financiar sus vicios ya que él está desempleado por vago e imbécil. Este control

* *I don't want this baby. I'm keeping it.*

se complementa con intimidación sexual: en la primera escena con Earl, Jenna intenta evitarle mientras él, altamente borracho, la acorrala exigiendo sexo. Al mostrar resistencia, él levanta la mano amagando con pegarle y ella le confiesa por pánico que está embarazada. El embarazo le servirá durante nueve meses como escudo contra el abuso físico, pero no contra el emocional. De hecho, el pedazo de cerdo inmediatamente le hace prometer que no querrá al bebé más que a él, otra forma de coerción psicológica que coloca incluso el vínculo materno-filial bajo su supervisión masculina. La manipulación surge con cada pequeño amago de autonomía: cada vez que intuye en ella desinterés o tristeza, invoca los buenos tiempos de su noviazgo y la vigencia de su promesa matrimonial, como en la canción *You Will Still Be Mine.** Otra de las cosas más crueles que hace es menospreciar su talento como repostera, el cual es indudablemente su mayor orgullo, su forma de demostrar amor a los demás y su forma de conectar con el legado de su madre. Él no quiere que sea consciente de sus habilidades porque eso la haría ser consciente de lo inútil que es él y, por lo tanto, la alentaría a buscarse una vida mejor. La representación de la violencia en esta obra es muy matizada, no se estetiza ni se reduce a un golpe espectacular, como suele suceder; hay una exploración más auténtica e integral de cómo se vive bajo el miedo en el lugar que tendría que ser más seguro: el hogar.

Jenna responde a todo esto con estrategias de supervivencia basadas en el miedo, como ser pasiva, hacerse pequeña o no responder; pero es gracias a las mujeres de su vida (y el cascarrabias pero tierno dueño del restaurante donde trabaja, Joe) que consigue también hacer hueco para la esperanza. Entre los tres la convencen de que tiene que participar en un concurso de

---

* «Seguirás siendo mía».

tartas que se celebrará dentro de unas semanas en una ciudad cercana y cuyo premio son veinte mil dólares, lo suficiente para comenzar una nueva vida con el bebé y huir de su marido. Durante semanas, va escondiendo un porcentaje de las propinas que gana para así poder costearse el viaje y la tasa de participación. Esta esperanza y este sueño serán finalmente truncados cuando él encuentra el dinero en rincones como la funda del sofá o una estantería, lo cual causa una reacción violenta, ante la cual ella miente y dice que lo estaba guardando para comprar cosas para el bebé.

No es casualidad que la única escapatoria que ve posible sea un concurso de tartas: esto es una táctica que aprendió de su madre. Ella también era víctima de abusos por parte de su marido y usaba la repostería como ese lugar seguro que no tenía en casa. No se dice explícitamente (porque no hace falta), pero se infiere por el texto y se cristaliza en un momento coreográfico de dos miembros del elenco durante la canción *What Baking Can Do*, en el cual vemos en segundo plano a un hombre violentar a la actriz del elenco que interpreta al recuerdo de su madre. Esta canción, cuyo título se podría traducir como «el poder de la repostería» o «lo que se consigue al hornear», es su *I Am Song*,[13] en que nos cuenta cómo aprendió de su madre a canalizar sus frustraciones y sus anhelos mediante la repostería, a crearse nuevas realidades por medio del azúcar, la mantequilla y la harina. «Me hornearé una puerta para ayudarme a superar esto, lo aprendí de ti, mamá»* nos dice todo lo que tenemos que saber. Su madre lo intentó pero no pudo crear esa puerta por la cual escapar, así que Jenna lo intentará por las dos. Está cargando con el legado transgeneracional de la violencia machista,

* *I'll bake me a door to help me get through, I learned that from you, mama.*

pero también con el legado de la resistencia, de cavarse un espacio de placer y autorrealización incluso en las condiciones más adversas.

«Mi madre, la soñadora, decía: nada es imposible, pequeña»,* canta en *A Soft Place to Land*,† un precioso terceto junto a sus compañeras de trabajo donde hablan sobre cómo los sueños son necesarios para mantenernos con esperanza. En esta canción, Jenna, Becky y Dawn están musicalizando el pequeño sistema de apoyo emocional que han construido entre las tres, de sororidad íntima por encima de todo obstáculo externo. Su trabajo mal pagado y rutinario como camareras podría ser completamente desesperanzador, pero ellas han convertido este espacio cotidiano en un núcleo de apoyo, donde el cuidado, la escucha y la complicidad reemplazan las estructuras familiares tradicionales. El marido de Becky tiene algún tipo de enfermedad que le mantiene postrado en casa y dependiente, siendo ella su cuidadora principal. Aunque no se dan más detalles, queda claro que ella dedica la mayor parte de su tiempo y energía a atenderlo. Lo hace con amor, pero eso no quita que esté agotada física y emocionalmente, con pocas posibilidades de cuidar de sí misma o de sentirse deseada. Por su parte, la ansiosa, cuadriculada y categórica Dawn se siente tan sola que está enfrentándose por primera vez al mundo de las citas online, lo cual le genera pánico. Frente a la familia patriarcal que hiere, aísla o intimida, las mujeres de *Waitress* proponen otra forma de hogar: uno que se construye entre amigas, desde la vulnerabilidad compartida y el deseo de cuidar y ser cuidadas. Lo interesante es que, aun mostrando esta práctica cotidiana de sostén y de ternura, la obra no idealiza la amistad feme-

* *My mother, the dreamer. She'd say nothing's impossible child.*
† «Un lugar suave para aterrizar».

nina como un camino de rosas perfecto, sino que muestra también sus tensiones y sus contradicciones.

Y es que se ha de mencionar que tanto Jenna como Becky mantienen relaciones extramatrimoniales a lo largo de la obra, algo habitualmente condenado en las narrativas románticas tradicionales, pero aquí hay una muestra más matizada. Ninguna de las dos lo hace ni por capricho ni por malicia: ambas buscan en esos vínculos paralelos un respiro frente a vidas que las han ido arrinconando emocionalmente. Becky, agotada por años de cuidar a un marido enfermo que ya no puede ofrecerle ni afecto, ni reconocimiento ni satisfacción sexual, encuentra en Cal, el cocinero del restaurante, una vía para reconectar con su cuerpo y su deseo. Jenna, por su parte, tiene una aventura con su nuevo ginecólogo, el también casado doctor Pomatter, el cual es tierno, gentil, divertido y aprecia profundamente su talento reposteril. Atrapada en una relación marcada por el control y el miedo, encuentra en él un refugio inesperado, que le devuelve algo de ligereza y autoestima. Son decisiones imperfectas, pero profundamente humanas.

Curiosamente, cuando Becky le confiesa su aventura, Jenna la juzga con severidad y le dice que piense en su marido, aunque nosotros como público la acabamos de ver follando con su ginecólogo en la consulta. Este juicio revela una tensión moral interna muy realista: Jenna aún no se permite procesar del todo lo que ha hecho, y proyecta parte de esa culpa en la historia de su amiga. De alguna forma, siente que su infidelidad está más justificada; es un mecanismo de defensa que usa para no sentir que su identidad se ha perdido del todo, para creer que su código moral sigue ahí. Becky, en cambio, es más capaz de conciliar que se puede ser buena persona y aun así saltarte tus principios, que eso es precisamente lo que nos hace humanos, lo cual expresa de forma magistral en *I Didn't Plan It*.* La obra, al mostrar esta contradicción, no busca juzgarlas, sino humanizar el conflicto: incluso al compartir vivencias parecidas, no siempre reaccionamos con empatía inmediata. La sororidad también se construye a través de malentendidos y de reacciones imperfectas, y es la escucha, la comprensión y el perdón lo que hace esos vínculos más fuertes. Es muy peculiar dentro del teatro musical, y honestamente en la narrativa occidental en general, que la infidelidad no obtenga un castigo: ni hay un arrepentimiento grandioso ni ningún tipo de discurso ejemplarizante. Lo que hay es comprensión: las protagonistas no se justifican, pero tampoco se flagelan. La infidelidad no es mostrada como un crimen imperdonable y un fallo moral personal, sino como una respuesta más estructural al desgaste y al deseo de sentirse viva de nuevo.

Me quiero detener en esto un momento porque estoy observando un surgimiento online de duras reacciones conservadoras disfrazadas de justicia emocional. Este auge de la cultura puritana puede leerse como una reacción a la llamada liberación sexual: mientras que los movimientos feministas, *queer* y *sex-positive*[14] han reclamado fuertemente el derecho a desear, experimentar o romper con las normas tradicionales del amor, la respuesta contraria está siendo igual de fuerte. En nombre del autocuidado o de la protección de la salud mental, la infidelidad se ha convertido en el símbolo del mal absoluto en muchos entornos, especialmente cuando la comete una mujer. Si alguien pone los cuernos, es narcisista y psicópata y ha cometido un fallo moral imperdonable por el cual arderá en el infierno junto a los mayores criminales de la historia: genocidas, asesinos y quien fuera que inventó el gotelé. La infidelidad por supuesto que es moralmente reprocha-

---

* «No lo planeé».

ble, porque significa una transgresión del contrato social que tienes con tu pareja, en el que habéis decidido sacrificar el sexo (o la afectividad en general) con otras personas a cambio de otras vivencias monógamas que se habéis considerado más valiosas. Ahora, eso no quita que la infidelidad haya existido toda la vida y suceda constantemente en todo tipo de parejas, en secreto o a voces, a nivel sexual o afectivo, por delante o por detrás. ¿Tiene la otra parte de la relación derecho a sentirse fatal o mandar a esa persona a la mierda? Por supuestísimo. ¿Deberíamos humillar públicamente a las personas que participan en estas dinámicas y desearles la muerte y la pérdida de su estilo de vida como si hubieran matado a alguien? Hombre, pues yo diría que no. Un claro ejemplo es el linchamiento público que sufrió Ariana Grande en el verano de 2023 tras iniciar una relación con Ethan Slater en el set de la película de *Wicked* (todo vuelve a los musicales), el cual estaba aún casado. Aunque ambos afirmaron estar ya separados cuando comenzaron su aventura, ella fue acusada de «rompehogares» y de odiar a las mujeres. Se viralizaron todo tipo de memes y artículos en los que se insultaba su conducta y se afirmaba que no tenía valores ni como persona ni como mujer, mientras que él, como suele pasar, recibió mucha menos crítica. Se puede estar en desacuerdo con algo sin desearle el colapso personal a una persona que no conoces y cuyas acciones privadas no te afectan en nada. En este contexto en el que la narrativa hegemónica castiga duramente y ridiculiza a las mujeres que se saltan las convenciones del matrimonio, *Waitress* opta por no juzgar.

Es mediante esta sensibilidad y lo bien matizados que están todos los temas de la obra que *Waitress* es capaz de construir lo que la teórica Lauren Berlant definió en 2008 como «público íntimo».[15] Los miembros de ese público no se conocen, lo que los une es una sensibilidad común que surge al consumir ciertos productos culturales, como una novela, una canción o un musical sobre tartas. Un mismo artefacto cultural puede unir a muchos tipos de públicos, desde una señora de Manila hasta un maricón español que tuvo una fase repostera durante la adolescencia, porque hay ciertas experiencias afectivas que todas las personas comparten. Cuando esa señora y ese maricón ven *Waitress* y piensan «yo me he sentido de esa forma» o «eso me ha pasado a mí», se está generando un público íntimo. Es una especie de complicidad emocional colectiva: lo que normalmente se vive en silencio ahora aparece en una historia pública, generando una conexión abstracta con otras personas que han sentido lo mismo. Aunque no todas las personas que ven el musical hayan vivido una situación de maltrato o hayan trabajado de camareras, muchos nos podemos reconocer en los momentos de duda, en la rutina que ahoga, en las pequeñas alegrías cotidianas o en las redes de apoyo que nos sostienen cuando todo parece derrumbarse. La historia de Jenna no es una narrativa de megamusical excepcional y distante, sino que es cercana, algo que le podría ocurrir casi a cualquiera. Esto consigue que el público se identifique con ella al recordarnos que no somos la primera persona en sentirse así, encandilando al público no desde la espectacularidad, sino desde la más profunda empatía.

Todo esto llega a su culmen al final de la obra, tras el parto de ese bebé al que lleva toda la obra gestando de manera dubitativa y temerosa. Tener a su hija recién nacida, Lulu, en brazos le hace un clic muy importante: ya no puede rendirse porque no vive solo para ella misma, ahora tiene que vivir para las dos, para cuidar y proteger a esta niña. Ese cuerpo diminuto e inocente le provoca la certeza visceral de que el abuso es injustificable e impermisible, de que aceptarlo un día más es injusto para esta pequeña niña y, por extensión, para sí misma. Se había rendido,

pero la maternidad le da las fuerzas para imaginarse una vida
más justa y más tranquila, en la que no hay espacio para hornear
y callar. Decide cortar el trauma transgeneracional que ha heredado: no va a permitir que su hija viva con el mismo miedo a los
hombres violentos con el que ella ha crecido, primero por culpa
de su padre y después por su marido.

Sin siquiera mirarle a los ojos le dice a su abusador: «Ya no
te quiero, Earl. Quiero el divorcio. [...] Te quiero fuera de mi
vida de una maldita vez».* Es una declaración tan innegociable
que él se ve impotente, porque está acostumbrado a la obedien-
cia silenciosa y su autoridad dependía de que el abuso no se ver-
balizara. Ella le arrebata el poder al definirlo en público, en un
lugar en el que ella tiene el poder. Además, decide terminar su
affair con el doctor Pomatter, ya que ha conocido a su mujer
(también doctora) durante el parto y le ha puesto en perspectiva
lo injusta que está siendo la aventura. Jena antes podía autojus-
tificarse debido a su marido abusivo, pero la mujer de él no merece vivir bajo esta mentira. Se da cuenta de que esta libertad
recién conquistada no puede sustentarse si mantiene su depen-
dencia emocional con un hombre casado, así que decide cerrar
este capítulo con gratitud por lo vivido y sin un ápice de vergüenza. Y en todo este tiovivo emocional sucede otro gran acontecimiento: Joe, el dueño del restaurante, también ingresado en
el hospital, le da un sobre a Jenna y le pide que no lo lea inmediatamente. Tras romper las cadenas de su matrimonio y los hi-
los de su aventurilla, abre el sobre y descubre que Joe está enfermo terminal y le ha dejado el restaurante en herencia. Durante la
obra, aún con su modales bruscos y exigentes, siempre ha alen-

* *I don't love you anymore, Earl. I want a divorce. [...] I want you the hell
out of my life.*

tado a Jenna a buscarse una vida mejor. En su canción *Take it From an Old Man*,* la cual le canta a Jenna en su momento más desesperanzado del final del embarazo, le recuerda que puede pedir ayuda, que es buena persona y que el tiempo es finito, por lo que no puede estancarse. Al enterarnos posteriormente por la carta de que se estaba muriendo, esta canción se hace más relevante y tierna: era su despedida, su último acto de cariño. De alguna forma, es su figura paterna sustituta, un hombre que cree en ella de manera desinteresada, que reconoce su talento excepcional para la repostería y quiere que sea compartido.

Jenna hereda el restaurante y lo rebautiza con el nombre de su hija: *Lulu's Pies*, las tartas de Lulu. La niña heredará la repostería como lo hizo Jenna, pero con un propósito completamente diferente: la habilidad familiar ya no está al servicio de la supervivencia y el escape del dolor, sino del deseo, la autonomía y el emprendimiento. *Waitress* nos recuerda que romper un legado doloroso no significa negar y olvidar el pasado, sino aceptarlo como parte de nuestra biografía y usarlo como motor para el cambio, de la mano de la gente que nos quiere. Nos invita a soñar, a imaginar vidas más plenas, donde el miedo quizá exista como un recuerdo, pero no sea un condicionante para el día a día. Estés pasando por lo que estés pasando, incluso cuando parece que no hay escapatoria, siempre habrá alguien que te pueda ayudar a construir un puente, pero tienes que estar dispuesto a cruzarlo. Becky y Dawn ahora trabajan para ella, Lulu corretea feliz por el restaurante y Jenna finalmente puede vivir bajo sus propias normas, creando recetas desde el placer y no desde el escapismo doloroso. A su debido tiempo, todo lo correcto encontró su lugar.

* «Fíate de un hombre viejo».

CAPÍTULO 9

UNA LLUM TÍMIDA

ROMPIENDO EL SILENCIO CON LESBIANISMO

1962. Todas las historias nos recuerdan que nuestro
pasado existe.

Escribe la apesadumbrada Isabel con tiza en la pizarra de su aula,
donde da clases de historia. Es el comienzo del segundo acto de
Una llum tímida y ha pasado ya un año desde que se llevaron al
amor de su vida, Carmen, para administrarle terapia electroconvulsiva con el objetivo de «curar» su homosexualidad. El atrezo
es sobrio: hay una pizarra, unos pupitres y una cama. Dos músicas, una chelista y una guitarrista, están al fondo del escenario,
fuera de la diégesis pero a la vista del público. Esta frase es un
recordatorio personal e íntimo de que no le podrán arrebatar su
verdad, pero también el grito de un país entero que está luchando
por desenterrar su propia historia reciente. Toda una serie de
obstáculos legislativos y sentimentales han impedido que las generaciones nacidas en España a finales del franquismo y posteriormente conozcan qué pasó durante la dictadura (1939-1975),
periodo durante el cual sucede este musical basado en hechos
reales. Atroces torturas, asesinatos, robos de bebés, secuestros y

persecuciones violentas de las minorías son algunos de los crímenes que han sido encubiertos y barridos debajo de la utópica alfombra de la reconciliación. La memoria es frágil porque se narra desde cuerpos humanos vulnerables a la muerte, la degeneración cognitiva o el olvido forzoso. Si no se escribe, se narra o se materializa de alguna forma, está en peligro de desaparecer para siempre detrás de una pared de ladrillos institucionales. *Una llum tímida* surge como un rayo de esperanza sentimental a la vez que un martillo pilón que revienta esa pared. No solo es una obra brillante musical y dramatúrgicamente, sino que además llegó en el momento histórico justo, cuando socialmente necesitábamos que se nos diera una hostia de realidad en la cara.

Se estrenó en un momento perfecto: en octubre de 2020 (su fecha original de junio, coincidente con el Mes del Orgullo, fue aplazada debido a la pandemia), tras meses de confinamiento nacional forzoso por el COVID-19. La pandemia fue un momento de luto por las muertes del presente y de replantear qué queríamos llevarnos a ese futuro incierto, pero también de pensar qué arrastrábamos personal y socialmente de nuestro pasado. Salimos del confinamiento con hambre cultural, sedientos de experiencias íntimas, transformadoras y catárticas que nos reconectasen con el resto del público y con el mundo en general, de los cuales habíamos estado completamente distanciados. *Una llum tímida* apela al legado de las generaciones anteriores (la mayor parte de los muertos por el virus) y al ahogamiento que conlleva tener que vivir muros adentro (algo que acabábamos de sufrir), además de a problemáticas no resueltas sesenta años después, como la homofobia estructural, las terapias de conversión o el suicidio como forma de gestión del trauma. Otro factor que jugaba a su favor es que casualmente, ya que fue ideada antes del virus, tenía el formato perfecto para las restricciones. Al estar hecha con quince euros y un sueño, solo hay cuatro personas en escena, dos de las cuales son músicas (que podían estar a cierta distancia) y con poco atrezo, por lo que era relativamente fácil de montar, desmontar y transportar entre pocas personas. Por otro lado, se generó un seguimiento de culto alrededor de esta obra que solo podría haber existido en ese momento, debido al poder del boca a boca en redes sociales, los proyectos de micromecenazgo y la admirable capacidad de organización que tienen las lesbianas.

Pero ¿por qué nos interpelan tanto las historias sobre el pasado reciente? La respuesta, como te imaginarás, es múltiple.

Por un lado, *Una llum tímida* es una materialización de lo que la investigadora Marianne Hirsch acuñó como *posmemoria*. En un artículo de 1992,[1] Hirsch creó este término para analizar y clasificar la perspectiva desde la que estaba escrita la icónica novela gráfica *Maus* de Art Spiegelman. En esta obra, el autor narra tanto las experiencias traumáticas de su padre, un judío polaco superviviente de Auschwitz, como la complicada relación que tiene con él en el presente. Este desdoblamiento permite al autor no solo contar el acontecimiento traumático, sino también su efecto transgeneracional: el legado del Holocausto afecta profundamente a aquellos que heredaron el trauma sin vivirlo en sus carnes. La posmemoria no trata de centrar el presente o de priorizar la experiencia de los descendientes por encima de la de las víctimas directas, sino de dar relevancia al hecho de que aquellos que heredan un trauma también conviven con él, como una nube gigante que está siempre en la habitación y cuya existencia nadie se atreve a admitir. Hay gente más cómoda que otra respirando el humo de esta nube, pero claramente Àfrica Alonso,[2] la fuerza creadora detrás de la mayor parte de la música y el texto de *Una llum tímida*, no. Tras leer un artículo en el que se narraban muy por encima los trágicos hechos reales de Isabel y Carmen, decidió que esta historia merecía ser expandida y contada. Las obras que apelan a la posmemoria no se limitan a repetir el trauma, sino que buscan procesarlo, representarlo y transmitirlo, pero sin apropiarse de él. Este musical oscila entre la reconstrucción de hechos históricos, la ficción especulativa que rellena huecos y el duelo de algo que, aunque no hemos vivido personalmente, nos afecta profundamente por ser herederos del trauma. La posmemoria, dice Hirsch, requiere que las segundas o terceras generaciones interroguen al pasado para definirse como sujetos políticos, y eso es exactamente lo que hace Àfrica: en un ejercicio de empatía imaginativa, se pregunta cómo habría sido su vida si hubiera nacido cincuenta años antes. Esta obra solo podía salir de una generación que ya no tiene miedo a interrogar y meter el dedo en la herida para explorar qué hay dentro, por mucho que duela. No le debemos ninguna lealtad a las leyes del silencio de la Transición y ahora poseemos las herramientas conceptuales del feminismo y el movimiento queer para reinterpretar la historia hegemónica. *Una llum tímida* no está sola en este objetivo, forma parte de un ecosistema de creaciones coetáneas que buscan perforar las décadas de cemento vertidas sobre los cadáveres de nuestros antepasados. Junto a este musical, documentales como *El silencio de otros* (Almudena Carracedo y Robert Bahar, 2018) o *Los armarios abiertos* (RTVE, 2021) y libros de no ficción como *El látigo y la pluma: Homosexuales en la España de Franco* (Fernando Olmeda, 2004) o *Silenciadas: Represión de la homosexualidad en el franquismo* (Estefanía Sanz Romero, 2021) construyen el ajuste de cuentas que la Transición no se atrevió a hacer. Lo hacen mediante la cultura y la educación emocional del público, no mediante los tribunales.

De hecho, por los tribunales no se puede hacer, porque sigue vigente la llamada Ley de Amnistía, técnicamente la Ley 46/1977, de 15 de octubre, de Amnistía. Esta fue la cristalización legal del denominado «pacto del olvido», un acuerdo político y social no escrito que fue adoptado durante la Transición. En principio, fue un consenso nacional que desalentaba que se investigaran los sucesos o juzgaran los crímenes cometidos durante la Guerra Civil (1936-1939) y la dictadura franquista. Se pensaba que de esta forma se reducirían las tensiones políticas, se cerraría la herida nacional que estaba sangrando a borbotones y todos nos daríamos la mano sonriendo como los Teletubbies, cada uno de un color y forma pero viviendo en armonía. Evidentemente esto no funcionó porque las personas no somos seres postsexuales lobotomizados hechos de felpa de colores. Por desgracia, la verdad es que todo sería mucho más fácil.

La salida de la dictadura española es un ejemplo muy particular al compararlo con otros casos europeos, como Italia o Alemania, principalmente porque el cambio de forma de gobierno se produjo mediante negociaciones internas, sin una ruptura clara y sin depurar las instituciones o buscar la justicia para las víctimas. El propio Franco nombró personalmente al futuro rey Juan Carlos I como su sucesor en 1969, con el objetivo de asegurar la continuidad de su ideología tras su muerte. No seré yo quien rompa una lanza a favor de un monarca, pero Juan Carlos eligió no ejercer el poder absoluto que heredó del dictador. Podría haber acaparado en su persona todos los poderes del Estado, como legislar, controlar el poder judicial, dirigir el ejército, controlar la libertad de prensa, perseguir a la oposición... Sin embargo, decidió no perpetuar el régimen y abrir paso hacia la democracia, aunque no de manera altruista. Entendió que la monarquía solo sobreviviría si se legitimaba mediante una democracia, ya que, desde el nombramiento de Franco, había dejado de existir como institución. Además, la sociedad civil cada vez pedía más liberta-

des y la presión internacional era enorme: las instituciones europeas o mundiales no hubieran aceptado a una España todavía
franquista pero ahora adornada con corona. Y una corona probablemente feísima, porque los Borbones tienen un gusto estético
pésimo... Si no me creéis, id a la Galería de las Colecciones Reales
en Madrid y comparad la fastuosa planta de los Austrias con la
sobriedad de la de los Borbones.

Adolfo Suárez, el primer presidente de la democracia, fue el
otro gran capitán del despropósito que supuso intentar establecer una barrera tajante con el pasado que impidiera mirar atrás.
Puesto en el cargo en primera instancia a dedo por el nuevo rey
Juan Carlos I en 1976, Suárez tenía un amplio pasado en los apa-
ratos falangistas, como miembro del Sindicato Español Universi-
tario (SEU), gobernador civil de Segovia (nombrado por el propio Franco) o como el último ministro secretario general del
Movimiento Nacional antes de la muerte del dictador. O sea, el
máximo dirigente del único partido legal durante la dictadura. La
transición de un sistema totalitario y autoritario a una democracia
participativa no se hace de la noche a la mañana y aún menos en
manos de un demagogo que se adapta a lo que pida el contexto
para poder hacer carrera política. ¿Que tengo que ser falangista?
Pues viva Franco. ¿Que me viene bien apoyar la democracia? Pues
vivan Atenas y los griegos y el *tzatziki*. No hay un botón nacional
de la reconciliación, un punto y aparte psicosocial que se pueda
poner, como si decenas de millones de ciudadanos fueran Sims
controlados por el Congreso. Las heterogéneas mentalidades nacionales, encarnadas en el propio fluir político de Suárez, no pueden simplemente darse la mano al día siguiente y fingir que el día
anterior no se querían matar.

Como decía antes, otros países tuvieron una salida de sus res-
pectivas dictaduras muy muy diferentes. Por ejemplo, en Alema-

nia se acuñó la palabra para definir el proceso: *Vergangenheits-bewältigung* (juro que es una palabra real), que se puede traducir como el 'afrontamiento del pasado'. Empezó de manera legal con los Juicios de Núremberg (1945-1946), donde se juzgó a los principales arquitectos del Holocausto por sus crímenes de guerra. El gobierno se aseguró de que fuese obligatoria la enseñanza del Holocausto en todos los niveles escolares, se levantaron memoriales como el Monumento a los Judíos de Europa Asesinados de Berlín y se construyeron museos específicos como la Topografía del Terror en Berlín, en el antiguo cuartel general de las SS y la Gestapo, además de la musealización de los campos de concentración. Hay hasta un museo del Holocausto al otro lado del Atlántico, en Washington D. C., el cual, aleatoriamente, yo visité con catorce años. ¿Conoces algún museo estatal o municipal en España sobre el franquismo o sobre la Guerra Civil? Te dejo pensar. Ya está. No existen. Habrá gente que dirá: «Bueno, claro, pero es que lo de Alemania fue mucho peor y más grande». Y sí, el nazismo mató a unos 17 millones de personas y durante la dictadura franquista se estiman unas 50.000 ejecuciones políticas directas, miles de muertes en prisión y más de 114.000 desaparecidos aún no exhumados en las 2.581 fosas comunes registradas del país. Son menos que en Alemania, pero no son pocos. Las dictaduras no son una competición de cifras. Mientras que en Alemania se apostó por enfrentar el horror, en España se optó por silenciarlo.

Ahí es donde entra la Ley de Amnistía que he mencionado antes. Es importante remarcar que la amnistía conlleva el olvido legal de un delito, como si nunca hubiera sucedido, y es diferente a un indulto, que significa perdonar el castigo, pero no el delito en cuestión. Un pacto verbal no es suficiente cuando quedan personas que se opusieron al régimen en la cárcel, centenares de miles de cuerpos sin identificar en fosas comunes, cunetas o en el antiguamente conocido como Valle de los Caídos (ahora Cuelgamuros), criminales de guerra en las calles y civiles inocentes cuyas vidas han sido alteradas para siempre. La ley perdonaba todos los actos de intencionalidad política cometidos antes del 15 de diciembre de 1976. La amnistía era recíproca, de modo que gracias a ella se liberó a todos los presos políticos, pero también se perdonaron todos los crímenes del aparato franquista, como torturas, detenciones arbitrarias, asesinatos masivos, robos de bebés, abusos policiales... nada, pequeñeces. Benefició desproporcionadamente a los criminales sobre las víctimas; este caso necesitaba una resolución basada en la equidad (reparaciones justas, pero adaptadas a las peculiaridades de cada bando), no en la igualdad (reparaciones uniformes). Aunque organizaciones internacionales como Amnistía Internacional, Human Rights Watch o el relator especial sobre la verdad, la justicia y la reparación de las Naciones Unidas han señalado que esa ley es incompatible con el derecho internacional, el Parlamento español ha rechazado en diversas ocasiones su derogación o reforma, por lo que sigue vigente a día de hoy. Debido a esta ley no se puede juzgar ninguno de los crímenes cometidos en el franquismo en España, incluso aunque sepamos fehacientemente que se han cometido.

Por ejemplo, Juan Antonio González Pacheco, más conocido como Billy el Niño, fue miembro de la policía secreta del franquismo, la Brigada Político-Social. Es de conocimiento público que durante la dictadura torturó a decenas de personas en la Dirección General de Seguridad, en plena Puerta del Sol de Madrid. Los testimonios de sus víctimas nos hablan de violencia física, como puñetazos y patadas, golpes con objetos contundentes o simulaciones de ahogamientos, además de privación del sueño, desnudez forzosa, obligación de permanecer de pie durante horas u otras tácticas de tortura psicológica como amenazas de tortura o muerte a allegados y todo tipo de insultos ideológicos y personales. No solo no se le juzgó, sino que en plena Transición, en 1977, fue ascendido a inspector del Cuerpo Superior de Policía, y recibió en total (hasta su retirada de los cuerpos públicos en 1982) cuatro medallas al mérito policial, las cuales aumentaron su pensión más de un 50 por ciento.[3] Imagínate la rabia que pueden sentir sus víctimas al ver sus reconocimientos sociales y económicos mientras tenían que lidiar con las consecuencias físicas y emocionales de su martirio. Este criminal de guerra murió completamente impune en mayo de 2020.

Solo hubo un intento de juzgarle y sucedió nada más y nada menos que en Buenos Aires. La conocida como «querella argentina» es un proceso judicial abierto en 2010 para investigar y juzgar los crímenes del franquismo, impulsado por víctimas, familiares y asociaciones como la Asociación para la Recuperación de la Memoria Histórica o la Plataforma contra la Impunidad del Franquismo. Se basa en el principio legal de la justicia universal, al que se aferró la jueza María Servini de Cubría para comenzar este proceso, que permite la persecución de delitos que atentan contra la humanidad, con independencia del país en el que se hayan cometido o cuándo. En sus más de diez años de recorrido, la querella ha tenido varias victorias simbólicas, principalmente dar visibilidad internacional a los crímenes del franquismo, tras décadas de ser ignorados por las instituciones españolas. Se han recopilado y documentado cientos de casos, como robos de bebés, torturas, secuestros o los trabajos análogos a la esclavitud que se llevaban a cabo en los campos de concentración franquistas.[4] Pero también hay que ser realistas: los resultados judiciales tangibles han sido prácticamente nulos. Todavía no se ha podido juzgar o condenar a ningún criminal franquista mediante esta vía, ya que la resistencia institucional en España es enorme. Las solicitudes de extradición presentadas por la jueza Servini han sido sistemáticamente denegadas por las autoridades judiciales españolas, aferrándose a la supuesta prescripción de los delitos o a la vigencia de la Ley de Amnistía. La lentitud del proceso y la falta de resultados penales han convertido la querella argentina en un proceso más de memoria que de justicia judicial: un gesto simbólico y afectivo que lucha contra el silencio oficial a través de los testimonios personales.

Esto me obliga a pararme en una distinción fundamental que afecta y encuadra cómo una sociedad se relaciona con su pasado: la diferencia entre memoria e historia. Esta fue introducida por el historiador francés Pierre Nora en su monumental proyecto de tres volúmenes y más de siete mil páginas, *Les lieux de memoire* («Los lugares de memoria», sin traducción al castellano), publicado entre 1984 y 1992. En este megalibro Nora sostiene que la historia y la memoria no son lo mismo, y que cada una tiene lógicas, lenguajes y necesidades diferentes. Por un lado, la memoria es un fenómeno colectivo y vivo, que se transmite dentro de las comunidades de una manera íntima, afectiva y emocional. La memoria tiene sesgos, nunca es exhaustiva o completa, y al estar encarnada físicamente en personas es frágil y susceptible de desaparecer cuando estas personas no la transmiten, pierden las capacidades cognitivas o fallecen. Por otro lado, la historia es un ejercicio racional, que siempre aspira a la objetividad, aunque necesariamente sea limitada. La historia aspira a ser distante, analítica y basada en pruebas fehacientes. Nace cuando la memoria ya no puede sostenerse por sí sola, cuando necesita que se interprete, institucionalice y racionalice. La historia congela la memoria, algo que está inherentemente vivo. El título del proyecto lo acuñó para describir aquellos elementos (físicos o simbólicos) que contienen y preservan las memorias co

lectivas de una nación o de una comunidad en concreto. Ejemplos
españoles del contexto bélico o dictatorial son el Valle de Cuelgamuros, la ciudad de Guernica o las fosas comunes, pero también
fechas como el 18 de julio (el fallido golpe de Estado de 1936), la
bandera tricolor republicana, la figura de Federico García Lorca o
Una llum tímida.

Este musical no es un documental, ni un tratado ni un libro de
texto, es un *lieu de memoire*. Es una respuesta al trauma nacional
dada desde la sensibilidad, la empatía y la rabia por el desconocimiento de lo que nos precede. Todo comenzó cuando Àfrica
Alonso leyó por casualidad una noticia escrita en 1998. En ella se
contaba que Isabel, a sus sesenta y dos años, había asesinado a su
pareja Carmen, con la cual llevaba veinte años viviendo en Cata-
rroja, un pueblo cercano a Valencia. Poco más decía el artículo,
pero a veces solo hace falta una pequeña chispa en las manos correctas para prender un fuego. Àfrica se dio cuenta de que tenía
que haber más detrás de esta chocante historia: nadie llega a asis-
tir el suicidio de su pareja sin una serie de circunstancias complejas que lleven a la desesperación y al acorralamiento. Comenzó un
proceso de investigación (bastante limitado debido a la falta de
testimonios directos, al menos en primera instancia) que se convertiría principalmente en un proceso de imaginación, de empatía, de reconstrucción. Resultó que Carmen había sido internada
forzosamente por su conservadora y católica familia en el hospital
psiquiátrico de San Onofre (en el pueblo de Godella, en la Comunidad Valenciana) al enterarse de su homosexualidad. En él
recibió sádicas terapias electroconvulsivas durante al menos un
año, con el objetivo de «curar» su homosexualidad, legalmente
una enfermedad mental en el momento y *de facto*, ilegal.[5] Estamos hablando de hace sesenta años. La edad de mis padres.

Desconozco si Àfrica, al leer esta noticia, conocía el concepto de posmemoria, o qué es un *lieu de memoire*, o los parámetros exactos de la Ley de Amnistía de 1977, o quién es la jueza Servini, pero claramente tenía la suficiente sensibilidad y talento como para generar una obra que contuviera implícitamente todo este contexto teórico, político e histórico. Y por eso *Una llum tímida* es tan hija de su tiempo, porque apela a muchísimos conceptos y corrientes contemporáneos, a algunos de manera consciente, mientras que otros quedan en el subtexto. Junto a Andrea Puig Doria, acabó componiendo las diecinueve piezas musicales que conforman esta obra, además de encargarse del libreto y la dramaturgia. Por si fuera poco, también ha interpretado el papel de Isabel cada vez que se ha puesto en pie este musical, sea en sus estancias en Barcelona, Madrid o Valencia, además de giras por todo el territorio español. Esta obra es extremadamente poliédrica y está atravesada por dos particularidades que la hacen especialmente interesante dentro de las producciones de la posmemoria franquista: el aspecto lésbico de su historia de amor y la represión lingüística de las lenguas cooficiales. Lo fascinante es que ninguno de estos dos temas se nos dice, sino que se nos muestran, como deber ser. Veamos cómo lo hace.

La obra comienza en 1959, en el primer día de clases tras las vacaciones de verano. Isabel, profesora de historia, y Carmen, profesora de literatura, se reencuentran en un aula de la escuela. Tras toparse con una copia de *Sueño de una noche de verano* de Shakespeare, Isabel decide parafrasearle a Carmen su monólogo favorito. En este, Lisandro propone a Hermia, su amada a la que van a casar con un hombre al que no quiere, huir con él para escapar de las convenciones sociales. «Ha leído en ella que le tiene que mostrar un nuevo camino», dice Isabel, presagiando el despertar homosexual (a partes iguales excitante y doloroso) que ella misma supondrá para Carmen. Isabel es claramente idealista y jovial, tiene un elemento expansivo casi infantil. Hay algo cómico en sus sutiles intentos de coqueteo, un nerviosismo homosexual que todas las personas gays hemos experimentado al hablar con alguien cuya orientación no nos es clara.

Particularmente, la línea entre la admiración amistosa y el tonteo lésbico es muy fina, ya que hay mucha permisividad cultural hacia la intimidad física y emocional entre mujeres. ¿Quién no ha visto a amigas heterosexuales cogerse de la mano, dormir juntas o expresarse efusivamente cariño y admiración? Esto es un arma de doble filo, ya que, por un lado, permite el homoerotismo entre mujeres sin levantar sospechas, pero también puede retrasar o casi imposibilitar el reconocimiento del deseo que se está teniendo realmente. Está demostrado por diversos estudios[6] —además de mis peripecias vitales como maricón rodeado de lesbianas— que el despertar homosexual femenino es, de media, más tardío que el de los hombres. Esto no significa que el tiempo sea un factor acelerador del lesbianismo (ojalá), sino que las chicas jóvenes no disponen ni del marco simbólico, ni de las palabras ni de los referentes para identificar su deseo como tal. A muchas mujeres sáficas[7] se les etiquetan sus primeros sentimientos homosexuales como una «amistad intensa» o un «cariño especial». Otra historia que se repite mucho es la «admiración» adolescente muy intensa por una profesora (normalmente de idiomas... esto no lo puedo justificar con datos, simplemente me tendréis que creer) o una *celebrity* (generalmente una cantante de pop o una actriz). Se tapa el deseo con un velo aspiracional: realmente no es que quieras ser como Miley Cyrus o tu profe de francés, lo que quieres es darle besos porque te parece guapísima. En el espacio gris que se genera entre las muestras de deseo y el interés platónico es dentro del cual Isabel navega al principio de la obra.

Cuando Carmen acepta la invitación de Isabel de ir una tarde a la residencia en la que vive a ojear unos libros que se ha encontrado, escuchamos la primera canción de la obra: *Ciutat pintada*. En ella, expresa esa primera ternura que se siente cuando conoces a alguien, los nervios de qué podría ser, el optimismo de qué podría pasar, resumido en «se me pasa [...] cualquier desconfianza sobre un mundo mejor».* Hasta ahora, como están en un espacio público, solo se han comunicado en el obligatorio castellano, pero hay un cambio al catalán porque esta canción es una expresión en voz alta de los pensamientos de Isabel. Nos da a entender que el catalán es su primera lengua, en la que más cómoda se sentiría expresándose.[8]

Al estar «inspirada en», una de las libertades que se han tomado es mover la historia a Barcelona, una ciudad que incluso a día de hoy tiene un caso muy particular de diglosia.[9] La represión lingüística del catalán comenzó nada más entrar las tropas franquistas, como parte del programa de homogeneización de esa supuesta España unitaria, grande y libre. «Las regiones españolas serán respetadas en sus peculiaridades [...] pero sin perjuicio parala absoluta unidad nacional [...], con una sola lengua, el castellano, y una sola personalidad, la española», dijo el dictador en octubre de 1936 a Radio Castilla.[10] Se colocaron carteles por Barcelona que decían «Si eres español, habla español» y se tradujeron al castellano los nombres de las calles y vías públicas. En 1940, mediante la circular titulada «Uso del idioma nacional», se prohibió el catalán en todos los servicios públicos, incluyendo escuelas como en las que trabajaron Isabel y Carmen. Sucesivas órdenes vetarían la lengua en el cine, las marcas comerciales o incluso, y esto es real, los nombres de barcos. Legalmente tu bar-

* *Se'm passa [...] qualsevol desconfiança sobre un món millor.*

co debía tener un nombre en castellano, según el número 24 del *Boletín Oficial del Estado* de 1945.[11] Sé que os mantiene en vela cada noche la decisión importantísima de cómo bautizar a vuestro buque, bajel, yate o catamarán, por lo que quería arrojar contexto histórico para recordaros los límites que hubierais tenido hace ochenta años y lo libres que sois hoy en día. De nada.

La única mención explícita[12] que hay en la obra al respecto tiene lugar cuando Isabel está contándole a Carmen, en un aula de la escuela, la historia de cómo la pastelera de su barrio la vacilaba cuando le vendía tocinillos de pequeña. Para darle voz a ese recuerdo, cambia al catalán, a lo cual Carmen reacciona con vehemencia: «No vuelva a hacer eso [...] esto es un lugar público. Debería tener usted un poco más de autocontrol». Y es que Carmen es la definición de la corrección, acata las normas y sigue el camino marcado porque viene de una familia católica rígida. Ocupa mucho menos espacio tanto simbólica como escénicamente. Al solo disponer de dos intérpretes en el escenario, lo que dicen y hacen tiene que representar también el mundo de fuera. Carmen es el contrapunto perfecto para la inconformista Isabel, precisamente porque nos sirve de recordatorio al público de las normas sociales del momento. Sin la ilusión de Isabel no hay esperanza a la que aferrarnos, pero sin lo conservador de Carmen no hay realismo ni contexto histórico. Esto se cristaliza en su primer dueto *Si tu hi ets*,* el cual cantan tras una divertida tarde juntas de paseo. A Carmen le cuesta entender qué está sintiendo e Isabel va poco a poco expresando cómo la sensación de miedo y la vergüenza que la acompañan desde hace veinte años podrían apaciguarse con su amor. Carmen está en un absoluto estado de negación y de miedo por estar en público y que las vean, pero

---

* «Si tú estás».

poco a poco, mediante el poder transformador de la música y el lesbianismo, acaba aceptándolo. Isabel es la instigadora (en el sentido positivo de la palabra) del despertar homosexual de Carmen. «Yo ya no puedo decirme más que no. Me queman las manos de no tocarte»,* se dicen la una a la otra al final de la canción. Piel de gallina.

En esta canción, además, hacen algo que es paralelo al cambio de lengua, lo conocido como *code-switching* o cambio de código en castellano. Esto se refiere a la práctica de ajustar rasgos del habla (el tono de voz, las palabras que usas, las referencias que haces...) o físicos (la postura, la forma de andar) según el entorno en el que te encuentras. Se recurre a esto para protegerse de la homofobia y evitar la violencia física o simbólica, ya que hay ciertos atributos lingüísticos y corporales que inmediatamente se asocian con la homosexualidad. Carmen alterna entre expresar afecto (siempre comedido, están en público) y distanciarse físicamente y no mirar a Isabel. Es una táctica de supervivencia, una coreografía cotidiana y agotadora. El *code-switching* es a veces instintivo: yo me he pillado a mí mismo agravando la voz al hablar con hombres heteros, alterando la forma de andar al pasar delante de ciertos grupos de gente o conteniendo la gestualidad de las manos. Pero la mayoría de las veces es consciente: referirme a mi novio con el neutral «mi pareja», no ponerme equis prenda de ropa porque sé que voy a pasar por unas calles un poco hostiles... Yo soy maricón todos los días, todo el rato, pero expreso mi mariconez de formas diferentes en diferentes contextos por autopreservación. Mantener estas identidades paralelas genera una carga mental constante. Además, antiintuitivamente, al intentar protegernos de la violencia, estamos perpe-

---

* *Jo ja no puc més dir-me que no. Em cremen les mans de no tocar-te.*

tuando la idea de que la expresividad *queer* ha de negociarse, que su legitimidad depende del ámbito. Es un tema complicado, es todo otro libro.

Unos días después de esta interacción, acaban volviendo a casa de Isabel, donde tienen sexo por primera vez, lo cual expresan poéticamente en *Pessigolles.** Es un momento de placer máximo pero también de incertidumbre, de miedo, de vergüenza; particularmente para Carmen, ya que es su primera vez teniendo sexo en general y, por lo tanto, lésbico en particular. El placer mezclado con miedo es siempre parte del despertar homosexual, de las primeras veces. Es cumplir un sueño reprimido a la vez que temer por tu vida. Proceden a tener un romance secreto de unos meses, siempre de puertas adentro, basado en la ternura y el entendimiento mutuo pero también en la fantasía y la esperanza de que algún día podrán vivir una vida hegemónica, compartiendo casa, con hijos, tranquilas. En su precioso dúo *Com ningú ho ha vist mai,†* fantasean sobre cómo sería que Carmen se quedara embarazada y cómo sus personalidades las harían madres muy diferentes. Este momento de ternura es necesario porque incluso en contextos de represión hay espacio para los cuidados, el placer, para imaginar realidades alternativas sin frustración.

Pero *ring ring*, llama la ineludible realidad. Literalmente suena el teléfono de casa de Isabel. Es la represiva, tiránica y católica madre de Carmen. Las ausencias de su hija de casa la han hecho sospechar y de alguna forma se ha enterado del *affaire*, por lo que ella se vuelve corriendo a casa. La próxima vez que la vemos, le cuenta a Isabel que su madre ha propuesto llevarla al hospital

* «Cosquillas».
† «Como nadie lo ha visto jamás».

psiquiátrico de San Onofre, donde «tratan» la homosexualidad con *electroshock*. Carmen, sumida en la culpa y la vergüenza, se está planteando ir principalmente por parar el interrogatorio intrafamiliar y disipar los rumores del pueblo, que supuestamente están haciendo la vida de sus padres un infierno. Cuando Isabel le dice que la harán olvidarse de ella, Carmen no sabe cómo responder. Quizá sus padres son una excusa, quizá ella misma piensa que es algo curable, que su amor ha sido un delirio pasajero.

Llega el final del primer acto, con una canción que lo cambió todo para esta obra y para los pilares fundamentales que sustentan nuestra realidad. Al menos eso opino yo. *Al oído*, su dúo de despedida, lleno de conflicto, de tristeza y de una mezcla fantástica de intimidad y explosión emocional, fue lo primero que la plebe, los meros mortales, pudimos escuchar. Esta canción fue lanzada en plataformas digitales el 15 de marzo de 2020, literalmente un día después de la declaración del estado de alarma en España y su consecuente cuarentena. A mí me llegó el 18 de mayo de 2020 por recomendación de una amiga y en cuanto la oí en la habitación en la que estaba confinado supe que este proyecto era algo especial. ¿Dos voces con un vibrato absolutamente delicioso desangrándose emocionalmente y con la sonoridad tan particular de la mezcla de la guitarra y el chelo? ¿Hablando de amor lésbico imposible en el franquismo? Esto es tan poderoso... es como la Carta Magna y la piedra Rosetta para el LGTBIQ+. Un recordatorio de humanidad, del poder de contar historias en un momento tan inhumano, tan incierto.

La obra tenía previsto su estreno durante el Mes del Orgullo de ese fatídico año, pero se estrenó oficialmente en octubre en el Teatre Joventut de L'Hospitalet de Llobregat, dentro del Festival Berdache. Casi de inmediato se formó un seguimiento de culto a su alrededor. Le siguieron algunas funciones sueltas por pueblos de Cataluña, pero se corrió tanto la voz que a principios de 2021 lanzaron un proyecto de micromecenazgo para costear la grabación y comercialización de un disco con toda la música de la obra.[13] En ese momento, solo teníamos *Al oído* y *Pessigolles* (lanzada digitalmente el 29 de junio) y muy poca gente había podido ver la obra, pero tanto las canciones como la premisa y la promesa del musical eran tan potentes que superaron su objetivo de 3.500 euros rápidamente. Yo participé, y conservo tanto el disco físico como la *tote bag*, ítem gay por excelencia. Pero quien importa no soy yo, son las lesbianas.

Las mujeres sáficas son las fans que quieres para tu proyecto. Son organizadas, devotas y leales. Cuando algo las interpela, van con todo. Puede parecer reduccionista u, otra vez, que me lo estoy inventando o basándome puramente en mis observaciones, pero cualquier comportamiento que observes en el mundo tiene un estudio y justificación académica detrás. Artículos como *Queer Women's Fandoms: New Global Perspectives*[14] de las hongkonesas Jamie J. Zhao y Eve Ng o la tesis doctoral de Rosalind Maria Hanmer sobre la serie *Xena: la princesa guerrera*[15] exploran las particularidades de los grupos de fans de lesbianas de internet. En muy resumidas y simplificadas cuentas, hay tres razones principales que explican este fenómeno. En primer lugar, las lesbianas han ocupado siempre posiciones de vanguardia en la lucha *queer* (aunque no suelen ser reconocidas), por lo que han heredado capacidades de organización que son aplicables tanto para combatir como para apoyar. Por otro lado, creen en la economía del cuidado, es decir que pagar varias veces por algo (micromecenazgo, entradas, *merchandising*...) es entendido como una inversión, un apoyo y no como un «gasto». Finalmente, al existir pocas obras que representen sus historias, cuando una es muy buena, se genera una sensación casi de obligación moral, como de decir: esto nos representa, unámonos para protegerlo y que pueda proliferar. Todo esto se acrecienta en la era digital, donde la interconexión permite aún más capacidad de organización y que el boca a boca llegue a lugares donde tu boca físicamente no podría. Evidentemente el *fandom* de *Una llum tímida* no es exclusivamente lésbico, pero, aunque no tengo datos demográficos de su venta de entradas, tengo ojos y he estado sentado en esas butacas siete veces, tanto en su primera estancia en el Teatre Condal de Barcelona en mayo de 2021 como en sus futuras versiones en Madrid, tanto en el Teatro Lara como en el Teatro Infanta Isabel. Y esas butacas estaban llenas de lesbianas.

Volvamos a la obra. Después de la explosión de *Al oído*, Isabel canta *L'ombra*,* una mezcla melancólica entre la rabia por la complacencia de Carmen y la tristeza de quizá no volver a verla. Es una situación especialmente dura porque no va a poder expresar en público qué le pasa, por qué está triste, va a tener que fingir normalidad cuando le han arrancado el corazón. «Si me buscáis, estoy detrás de ella, haciendo de la sombra de lo que pudo haber sido».† Nada duele más que lo dejado a medias, una historia arrebatada, sin cierre. La obra se representa sin intermedio, así que se alude al paso del tiempo y al cambio de acto mediante un fundido a negro, música incidental y el cambio de año, de 1961 a 1962, en la pizarra. «Todas las historias nos recuerdan que nuestro pasado existe», escribe Isabel, como explicaba al principio. Lleva en su cuerpo la pesadumbre de un luto que no sabe cuándo acabará. Desde aquí, todo va cuesta abajo.

Tras una pequeña transición y un cambio de guitarra acústica a guitarra eléctrica, llega una de las escenas más dolorosas de

---

* «La sombra».
† *Si em busqueu, soc darrere seu fent de l'ombra del que hagués pogut ser.*

ver de la obra, en la cual Carmen, sentada en una silla, recibe la terapia electroconvulsiva. Esto se consigue escénicamente con una mezcla de diseño de sonido cacofónico, el agresivo timbre de la guitarra eléctrica (la guitarra homófoba, como me gusta llamarla) y la entrega física y emocional de Júlia Jové, la fantástica actriz que ha interpretado a Carmen en todas las versiones de la obra. Esto no es una invención, fue un método implementado de verdad por parte del régimen para curar el lesbianismo. Gracias a la investigación del sociólogo Lucas Platero y del historiador Víctor Bedoya tenemos un caso muy concreto, el de María Helena N. G.[16] Helena fue una joven barcelonesa detenida en 1968 por «conducta escandalosa y tendencias homosexuales masculinas». El juzgado aplicó la Ley de Vagos y Maleantes y la envió primero a la cárcel Modelo de Barcelona y, después, a la Sección Femenina del Patronato de Madrid. Allí, en un intento de «reeducarla», le hicieron varias tandas de *electroshock* combinadas con otras terapias aversivas, es decir, utilizar estímulos desagradables, como el dolor, para eliminar comportamientos. Por lo que he leído en el expediente, se hacen un lío constantemente entre identidad de género, expresión de género y orientación sexual, pero finalmente se la describe como «irrecuperable». A su salida, tuvo amnesia parcial, ataques de pánico y cefaleas crónicas, secuelas habituales de la electrocución forzada. Y eso es exactamente lo que le pasa a Carmen.

El dolor y el trauma han sido tales en su paso de tres años por el hospital que acaba renegando de su familia por haberla internado allí para que la torturaran. «Yo ya estoy en casa mami, mi casa es Isabel», le dice a su madre por teléfono tras su salida, mientras le jura que nunca más le volverán a hacer daño. Intentan construir una vida juntas, pero Carmen no es la Carmen que se fue. Le han frito el cerebro, la han convertido en una cáscara de

sí misma, la acompaña una pesadumbre que se mezcla con tendencias agresivas tanto físicas como verbales contra Isabel. Tiene
algunos momentos aislados de lucidez, porque la recuperación
nunca es lineal, como la preciosa *Jo seré feliç també** (personalmente mi canción favorita de la obra), en la cual le pide matrimonio a Isabel, algo que entienden que es legalmente imposible
pero nos recuerda su ilusión y sus fantasías de maternidad del
primer acto.

Tras una media hora, pasan unos diez años diegéticamente y
somos testigos de la degeneración psíquica de Carmen y del ago-
tamiento y resignación de Isabel. Todo culmina cuando Carmen,
exhausta de vivir con dolores, fatiga, ansiedad, confusión, pérdidas de memoria y delirios, le pide a su compañera que la ayude a
morir. «Ahora tengo que marcharme a otro lugar, tienes que lle-
varme. Aunque sepa que mis ojos te dirán que no quiero abando-
narte». Tras negarlo muchas veces, Isabel acaba aceptando, en un
acto que realmente es desinteresado: la muerte de Carmen será la
mayor pérdida de su vida, pero mantener viva a una persona con
constante dolor tampoco es justo. Tras darle unas pastillas que la
duermen, decide suicidarse también, ya que la vida pierde sentido sin ella. Este fue, por desgracia, más o menos el final que tuvieron estas dos mujeres en la vida real. Isabel ayudó a Carmen a
morir en 1998, pero su intento de suicidio fue fallido. La obra ni
juzga ni justifica esta decisión, solo explica con sensibilidad cómo
cualquier persona, puesta al límite, puede llegar a cometer actos
impensables.

La historia reciente de nuestro país está escrita con la misma
tiza con la que escriben Isabel y Carmen en la pizarra: es frágil y
susceptible de ser erradicada, pero, si tenemos las herramientas

---

* «Yo también seré feliz».

para mirar, ahí está. Cada cambio de gobierno, cada pacto de silencio, cada intento fallido de justicia es un paño húmedo que borra partes de los trazos, dejando frases a medias, nombres incompletos y cicatrices abiertas. Y sin embargo, aún se intuye lo que estuvo escrito, como un eco tímido de una memoria que, en las manos y voces correctas, se resiste a desaparecer. *Una llum tímida* es un recordatorio del poder del teatro musical para convertir el olvido en presencia, por su naturaleza efímera y a la vez repetitiva. Esta historia tenía que concebirse como un musical, porque no hay forma más extrema de expresar sentimientos grandes ni de decir lo que no puede decirse. Apela a la memoria arrebatada, a cómo se nos ha fallado institucionalmente al impedirnos conocer nuestra historia más reciente. Pero la justicia no siempre se hace en los tribunales, a veces se hace en un escenario con cuatro personas. A veces se hace cuando ves que alguien lloró algo que ni sabías que se podía llorar: ahí está precisamente la universalidad de esta obra. No hay ninguna historia *queer* en mi familia ni de represión lingüística, pero *Una llum tímida* me activa un sentimiento de tristeza y frustración ante la ausencia de memoria de una forma que trasciende su especificidad. Cuanto más específica es una obra, más puede resonar emocionalmente a gran escala: es en los detalles donde reconocemos lo universal. Quizá esa luz del título sea tímida, pero es tenaz, es obstinada. Alumbra los oscuros pasillos de la memoria y vela por los restos de quienes no tuvieron ni tumba, ni nombre ni voz.

Mientras la historia se siga cantando, no podrá ser olvidada.

FINALE

Ha bajado el telón y me quedo en silencio en la butaca con una lágrima seca en la mejilla. Acabamos de recorrer casi cien años de la historia de un formato increíblemente maleable y eternamente fascinante. En sus melodías hemos encontrado ecos de transformaciones sociales, de frustraciones políticas, de sistemas de género injustos, de represión autoritaria, de júbilo adolescente y de cualquier otra cosa pasada o por pasar, porque su desarrollo va de la mano con la historia del último siglo. Trazar una cronología del teatro musical nos sirve para ver que las cosas no cambian mucho, solo les cambiamos el envoltorio y fingimos sorpresa al abrirlas. Todas estas obras son claramente hijas de su tiempo, pero también son atemporales: cualquiera se podría representar hoy y conectaría con alguna sensibilidad contemporánea.

Carousel muestra cómo no encajar perfectamente dentro de las expectativas sociales puede llevarnos a nuestros extremos más desesperados. *West Side Story* critica cómo los poderes públicos utilizan la ira de las clases obreras contra ellas mismas, manteniéndolas atrapadas en un ciclo autodestructivo. *Camelot* recuerda el poder político de una buena melodía y de un mensaje que es tan esperanzador como ficticio. *Company* retrata de manera ácida a unos individuos tan centrados en sí mismos que han perdido toda capacidad de forjar vínculos sólidos. *Cats* transforma el escenario en un despliegue estético anodino pero excitante. *Kiss of the Spider Woman* defiende la necesidad de la fantasía y el escapismo en situaciones insoportablemente dolorosas. *Wicked* cuestiona cómo se construye mediáticamente la verdad y cómo se estigmatiza la alteridad. *Waitress* legitima lo épico que hay en las historias pequeñas y en las redes de amigas. *Una llum tímida* desentierra con sensibilidad una historia silenciada para agitar a un país que no conoce su pasado reciente. ¿Algo te suena? Son todos temas que siguen altamente vigentes.

Analizar en profundidad estas obras y zambullirme en su contexto me ha servido para ser aún más consciente de por qué estoy perpetuamente fascinado por el teatro musical: es inabarcable. Nunca podré ver todas las obras jamás compuestas o entender con exactitud cómo o por qué se escribió una obra exactamente de la forma que se hizo. Pero eso no significa que no lo vaya a intentar. Lo intentaré cada día del resto de mi vida.

He tenido la enorme suerte de encontrar a una edad temprana la forma más directa a mi corazón y he podido ser transformado gracias a ella. He tenido la suerte de escribir este libro. He tenido la suerte de que me hayas acompañado.

May we all be so lucky.

GLOSARIO

Al ser un arte eminentemente anglosajón, en teatro musical se utilizan muchos términos en inglés para definir y encuadrar el mundillo. Aquí te dejo una lista que te será útil tanto para entender este libro como cualquier medio de teatro musical que te encuentres por ahí.

TIPOS DE TEATROS

Broadway. Esta palabra tiende a utilizarse como sinónimo de «teatro musical». Sin embargo, Broadway específicamente se refiere a cualquier teatro en el distrito teatral de Nueva York que tenga quinientas o más butacas. Por lo tanto, cualquier musical que se represente en un teatro de esta magnitud en ese barrio concreto es un musical de Broadway. Al ser teatros muy grandes, acogen producciones de gran presupuesto con ambiciones comerciales. En el momento de esta escritura, existen exactamente cuarenta y un teatros de Broadway.

Off-Broadway. Cualquier teatro en Nueva York, principalmente en el distrito de Manhattan, que tenga entre 100 y 499 butacas. Se pueden permitir acoger producciones más pequeñas y experimentales debido a su capacidad más reducida. En algunos casos de éxito funcionan como trampolín para acabar en Broadway, como le pasó a *Rent*, *Little Shop of Horrors* o *Next to Normal*.

Off-off-Broadway. Cualquier teatro en Nueva York que tenga noventa y nueve butacas o menos. Al ser tan pequeños, se pueden permitir hacer obras muy nicho y funcionar como laboratorio creativo.

West End. El distrito teatral del centro de Londres. Al igual que la palabra *Broadway*, también se usa para denominar tanto a los teatros como a las obras que acogen. Por ejemplo, *Les Misérables* es un musical del West End porque se representa en un teatro en el West End. No se rige por una cantidad concreta de butacas, pero suelen ser teatros muy grandes, similares a los de Broadway.

Off-West End. Teatros fuera del centro de Londres, que acogen producciones algo más pequeñas pero con una mezcla de prestigio artístico e interés comercial. No hay una cantidad de butacas que los delimite.

Fringe. Teatros londinenses de muy poca capacidad. Se suelen reservar para producciones nuevas y experimentales, de menor formato o con menos presupuesto. Aunque a veces se usa intercambiablemente con *off-West End*, lo *fringe* tiende a ser teatro menos comercial.

Montajes

Production. Una «producción» se refiere a una forma concreta de llevar a escena una obra. Cada vez que se lleva a escena un musical, se tienen que tomar cientos de decisiones sobre la dirección de escena, dramaturgia, arreglos musicales, diseño de vestuario, movimiento, iluminación, escenografía, *casting*, recortes del texto... Por lo tanto, una misma obra en diferentes producciones puede sentirse completamente diferente aunque la música y palabras sean prácticamente idénticas. Si quieres un ejemplo extremo, investiga la contemporánea producción del clásico *Oklahoma!* que se hizo en 2019 en Broadway y compárala con la de 2002.

Tour. Un musical que se va de gira por distintas ciudades, manteniendo casi todos los elementos de la producción original, aunque teniendo que adaptarse a las capacidades técnicas de los diferentes teatros por los que pasará, y al hecho de que tendrá que ser montado y desmontado con frecuencia y facilidad. A veces en las giras se hace un *sit-down*, que se refiere a una estancia prolongada de varios meses en una de las ciudades por las que pasan.

Revival. Una nueva producción de un musical que ya se ha hecho antes en esa ciudad. Aunque siempre que se hace un *revival* se representa un nuevo concepto escénico y una dirección diferente, pueden tener enfoques nostálgicos y clásicos (como la producción de *The Music Man* de Broadway de 2022) o vanguardistas y rompedores (como la de *Evita* del West End de 2025).

Replica. Un montaje que reproduce de manera exacta una producción que ya existe, manteniendo todo el concepto escénico y decisiones artísticas. Se suelen hacer réplicas cuando

una producción viaja de manera permanente a una ciudad o
país nuevo. Los grandes musicales comerciales suelen verse
en producciones-réplica por todo el mundo cual franquicias.
Por ejemplo, la producción de *El rey león* que lleva en Madrid
más de una década es una réplica de la estrenada en Broadway
en 1997. Los únicos cambios son la traducción al castellano,
el elenco y pequeños ajustes que se tienen que hacer según el
tamaño del escenario y las posibilidades del espacio.

Workshop. Traducido como 'taller', se refiere a una fase temprana en el desarrollo de un musical, en la cual se explora y eva-
lúa el material que se ha escrito. Es una especie de laboratorio
creativo, donde actores, músicos y creadores se juntan para
probar las canciones, escenas y estructura para ver si funciona
antes de continuar el proyecto e invertir en una producción
completa.

Tryout. Traducido como 'prueba', se refiere a la primera producción que se hace de un musical antes de estrenarse en
Broadway o el West End. Sirve para probar el espectáculo
delante de una audiencia real (con menor presión cultural y
económica, al no ser en una metrópolis teatral), ver qué funciona y qué no para perfilarlo. Por lo tanto, al ser la primera
vez que se monta, puede haber muchos cambios, como qui-
tar, alterar o añadir canciones, reescribir escenas, ampliar el
arco de un personaje, cambiar la coreografía... *Wicked* tuvo
su *tryout* en San Francisco antes de ir a Broadway y *Everybody's Talking About Jamie* tuvo su *tryout* en Sheffield antes
de ir al West End.

Previews. Una serie de funciones de un musical ya montado en
el mismo teatro donde se estrenará, pero previas al estreno
oficial. El público paga entrada y asiste como a cualquier
función, pero los creadores aún pueden modificar elemen-

tos del espectáculo antes del estreno, donde debería quedar todo bastante cristalizado y finalizado. Digo «bastante» porque el teatro es una máquina viva en constante movimiento y siempre hay espacio para pulir y alterar mínimamente. Las previas no se reseñan oficialmente por la crítica y la prensa; se considera de mala educación porque el *show* no está en su versión final.

Premios

Tony Awards. Los premios teatrales más prestigiosos de Estados Unidos, celebrados anualmente alrededor de junio con el objetivo de premiar la excelencia en los teatros de Broadway. Los Tony fueron fundados en 1947 por el American Theatre Wing y la Broadway League, y se llaman así en honor a Antoinette (Tony) Perry, una actriz, directora, productora y fundadora del American Theatre Wing. Hay categorías de interpretación además de categorías técnicas como dirección, escenografía, composición, dramaturgia, coreografía... Solo son elegibles para ser nominados los elencos originales, los actores que reemplazan posteriormente no pueden ser nominados. No son elegibles ni los espectáculos off-Broadway ni los realizados en cualquier otra parte del país. Ganar uno es tan influyente que suele ayudar a impulsar las ventas: en un mercado saturado por más de cuarenta teatros, el sello «ganador de un Tony» da un prestigio y un aura de calidad inmediata que afecta a las decisiones del público. Por ejemplo, *Hadestown* ya era una obra de culto con credibilidad y respeto artístico, pero sus ocho victorias en los Tony le dieron un impulso comercial, se lanzó una gira, una producción en el West End y se recuperó su inversión inicial en menos de un año.

Olivier Awards. Los premios teatrales más prestigiosos del Reino Unido, celebrados anualmente alrededor de abril con el objetivo de premiar la excelencia en los teatros de Londres, tanto en el West End como en espectáculos de menor formato. Fueron fundados en 1976 por la Society of London Theatre con el nombre original de Society of West End Theatre Awards y fueron renombrados como Olivier en 1984 en honor a Laurence Olivier, uno de los actores británicos más icónicos del siglo XX y el primer director artístico del National Theatre. Al igual que los Tony, los Olivier dan prestigio a los espectáculos e influyen mucho en su longevidad y éxito económico.

CULTURA DE FANS

Cast recording. Una grabación profesional en audio de las canciones de un musical, pensada para ser distribuida en *streaming*, CD o vinilo. Puede contener absolutamente toda la música del *show* o solo los números principales y puede contener fragmentos del texto hablado o no, según decidan. Se suele hacer un *cast recording* del elenco original que ha estrenado la producción, siendo por lo tanto lo más común el *original Broadway cast recording* (*OBCR*): grabación del elenco original de Broadway o del West End o de dónde sea.

Proshot. Una grabación profesional de alta calidad en audio y vídeo de un musical, creada para poder distribuirse en plataformas de *streaming*, en cines o en formatos físicos. Todos los musicales se graban profesionalmente para tenerlos en el archivo nacional y que los puedan consultar quienes estudian el género, pero un *proshot* está pensado para ser un producto comercializable. Como son muy caros de producir, en memoria reciente se han hecho pocos, solo de éxitos como *Hamilton*, *Waitress* o *Shrek*. Del siglo xx tenemos algunos fantásticos, como el de *Passion* o el de *Pippin*.

Bootleg. Una grabación pirata de un musical, en audio o vídeo, hecha a escondidas con una cámara pequeña o un móvil por alguien en el público. Hacer esto es ilegal y puede distraer tanto al elenco como al resto del público. Ahora, como existen muy pocos *proshots* (proporcionalmente a todos los musicales que se hacen), los *bootlegs* tienen un gran valor documental y pueden servir como una herramienta de accesibilidad a aquellas personas que no viven donde se está haciendo el *show* en cuestión o no pueden permitirse una entrada.

Slime tutorial. Ya que son ilegales, muchas veces se publican *bootlegs* en YouTube o foros como Reddit bajo el nombre aparentemente inocente de un tutorial para hacer *slime* (una sustancia maleable que sirve de juguete) para no ser detectados y borrados por el algoritmo. Por ejemplo, un *bootleg* de *The Book of Mormon* podría publicarse bajo el título de «tutorial de slime: chicos religiosos van a Uganda» y quien entienda la referencia sabrá lo que hay dentro.

Curtain Call. El saludo final de los actores al público al terminar la función, cuando se aplaude su trabajo. Suelen seguir un orden jerárquico: primero saluda el elenco, luego los secundarios y finalmente los protagonistas. En algunos musicales, particularmente si tienen finales alegres o música muy conocida, se añade un breve número musical durante los saludos para que el público interaccione, como en *Mamma Mia!*

Stage Door. Se refiere a la puerta del teatro por la cual salen y entran los artistas, pero también al encuentro entre actores y fans después de la función en dicha puerta. Los artistas no tienen por qué salir a saludar a los fans, no es técnicamente parte de su trabajo y no estás pagando en tu entrada por un *meet and greet*. Cuando yo fui a ver a Sara Bareilles en *Waitress* en Londres, tras estar meses ensayando mentalmente cómo le iba a explicar que me ha cambiado la vida, no hizo *stage door...* Me dio mucha pena, pero lo comprendí y no me puse a llamarla zorra egoísta en internet. :)

Playbill. El programa de mano oficial que se entrega al público en los teatros de Broadway y off-Broadway, más o menos del tamaño de un A5. Tienen un diseño muy reconocible, con una franja amarilla superior donde pone *Playbill* y el póster de la obra debajo. Dentro, contienen información sobre la obra, como el elenco o la sinopsis, además de muchísimos anuncios, tanto de otros musicales como de marcas no teatrales. Son objetos de coleccionismo para los fans, especialmente si lo han firmado los actores durante el *stage door*.

TIPOLOGÍA Y ERAS DE MUSICALES

Book musical. El término técnico que designa a un musical en el que hay un libreto (*book*) que integra de manera fluida las canciones en el desarrollo de la narrativa. Esta es la forma hegemónica del musical desde la década de 1940.

Concept musical. Un musical en el que prima una idea o un concepto central por encima de una narrativa lineal tradicional. Suelen tener tramas abstractas y estructuras fragmentarias. Sus canciones se centran más en explorar un tema que en hacer avanzar la trama, como en *Cats*, *Company* o *A Chorus Line*.

Sung-through. Un musical en el que toda la obra se canta, sin diálogos hablados. Se mezclan canciones con transiciones musicales y recitativos, generando una sensación de continuidad y fluidez en la trama, como en *Hamilton* o *Falsettos*.

Jukebox musical. Un musical que se construye a partir de canciones preexistentes, normalmente centrándose en el catálogo de un artista o en una época concreta. Se llaman así como referencia a las gramolas, las máquinas que contienen discos y tocan una canción a cambio de una moneda. Suelen ser muy rentables porque atraen al público que ya conoce las canciones fuera del contexto teatral, como *Tina* u *Hoy no me puedo levantar*.

Megamusical. Un musical caracterizado por su producción espectacular, escenografía llamativa y capacidad de franquiciarse como un producto a nivel global. Suelen tener tramas llenas de pasiones grandes y música muy heroica, como *Les Misérables* o *Miss Saigon*.

Rock Musical. Un musical que utiliza el lenguaje del rock como base sonora, normalmente para contar una historia muy épica o grandilocuente, como en *Rent* o *Hair*. Cuando no tienen diálogo hablado, como *Jesus Christ Superstar*, se suelen denominar rock operas... aunque ya te digo que de operístico tienen poco.

Golden Age. La Edad de Oro del musical es un periodo que abarca desde 1943 (con el estreno de *Oklahoma!*) hasta 1964 (con el estreno de *Fiddler on the Roof*). Los musicales de esta época se caracterizan por integrar las canciones a la trama, tener un final generalmente optimista y una estructura narrativa lineal y coherente. Su música está inspirada por la opereta europea, el jazz y la canción popular, principalmente. Algunos de los musicales más icónicos de esta época son *Guys and Dolls* o *My Fair Lady*.

TÉRMINOS MUSICALES / TIPOS DE CANCIONES

Obertura. Una pieza orquestal que se toca al principio del espectáculo, antes del primer número cantado y antes de que comience la acción. Introduce melodías y temas que se escucharán después, además de establecer el tono emocional y estilístico de la obra.

Entr'acte. Una pieza orquestal que abre el segundo acto, justo después del intermedio. Sirve para reintroducir al público a la atmósfera musical del *show*, por lo que normalmente incluye melodías o temas que se han tocado antes.

I Want Song (canción de «yo quiero»). Una canción en el primer acto en la cual un protagonista expresa su insatisfacción con su situación actual y sus anhelos de conseguir otra cosa o cambiar de vida. Por ejemplo: *Part of Your World* de *The Little Mermaid* o *It Won't Be Long Now* de *In The Heights*.

I Am Song (canción de «yo soy»). Una canción en la que un personaje se presenta, nos cuenta quién es y cómo existe en el mundo. A menudo, aunque no siempre, se reservan para los antagonistas, porque como público nos interesa más saber quiénes son por encima de sus aspiraciones profundas, por ejemplo *Shiny* de *Moana*. Sin embargo, las pueden cantar también protagonistas para que el público sepa más de ellos desde el principio, como *I, Don Quixote* de *Man of La Mancha*.

Reprise. Una repetición o variación de una canción que ya se ha cantado, con un nuevo contexto dramático o emocional. Suelen servir para reforzar el arco de un personaje o mostrar la evolución narrativa, ya que a veces lo canta un personaje diferente al de la canción original. Por ejemplo, cuando Glinda canta *I'm not that girl (Reprise)* en el segundo acto, usa las mismas palabras que usó Elphaba para expresar su humilde resignación a no ser querida por Fiyero. En el caso de Glinda, canta esta canción con tristeza porque se ha dado cuenta de que ni la belleza ni la popularidad le pueden garantizar el amor o la felicidad. Este *reprise* sirve para mostrar un paralelismo en el viaje emocional de las dos protagonistas.

11 o'clock number. Una canción intensa y memorable ubicada casi al final del musical, en la cual un protagonista experimenta una catarsis, una revelación o toma una gran decisión. Se llaman así, «número de las 11 en punto», porque a mediados del siglo XX los musicales en Broadway empezaban a las 20.30, así que estas canciones solían cantarse alrededor de las 23. Algunos de los más icónicos son *Rose's Turn* de *Gypsy*, *Back to Before* de *Ragtime* o *She Used to Be Mine* de *Waitress*.

Patter Song. Una canción con un ritmo muy rápido en la cual se canta una gran cantidad de texto. La verborrea que se genera al combinar la velocidad con la gran densidad de texto suele servir para retratar a personajes inestables mentalmente, cómicos u obsesivos. Son números de demostración técnica para el intérprete, ya que tiene que enunciar bien cada palabra para que se entienda toda la información que contiene la canción. Algunas de mis favoritas son *Model Behaviour* de *Women on the Verge of a Nervous Breakdown* o *Franklin Shepard, Inc.* de *Merrily We Roll Along*.

Leitmotiv. Un motivo musical recurrente, una pequeña melodía, asociada a un personaje, una idea o una emoción, que se repite a lo largo del musical para crear cohesión sonora y aclarar sentimientos. Por ejemplo, la primera canción de *The Bridges of Madison County* comienza con un solo de chelo que representa la nostalgia y los deseos frustrados de Francesca. Durante el musical, volvemos a oír esta melodía del chelo en varias ocasiones, como en el segundo acto, al principio de *Al-*

most Real, cuando la protagonista se está planteando cómo sus decisiones vitales la han llevado a su insatisfacción actual.

Foso. El lugar donde se coloca la orquesta, tradicionalmente en un espacio hundido entre el escenario y el público. Algunas producciones contemporáneas posicionan la orquesta en el escenario por motivos estéticos o narrativos, como en *The Band's Visit*, en las cuales los protagonistas son diegéticamente músicos. También se han hecho producciones en las que los propios actores también son la orquesta, cada uno encargándose de tocar un instrumento, como la producción de Broadway de 2005 de *Sweeney Todd* o la que estuvo de gira por Inglaterra en 2025 de *Calamity Jane*.

PERFORMERS

Track. Cualquier rol dentro de un musical, sea un protagonista, un secundario o un miembro del elenco sin nombre. El *track* se refiere a todo lo que tiene que hacer y decir un personaje: su música, texto, coreografía, movimiento escénico, cambios de vestuario, pelucas...

Ensemble / Elenco. El conjunto de intérpretes que no forman parte del reparto principal pero que desempeñan un rol fundamental en la composición escénica, al aportar dinamismo, armonías vocales, cuerpo y contexto. Cada *track* del elenco es único y a veces un mismo intérprete tiene que interpretar en su *track* varios papeles pequeños con intervenciones cortas, por ejemplo (me lo invento): la taxista, la joven que le vende un helado al protagonista y la vecina que se queja del calor. Como el teatro musical está vivo y es muy exigente a nivel físico y emocional, hay constantes lesiones, enfermedades y afonías, además de emergencias personales o familiares. Cada musical tiene una forma de gestionar cómo se cubren las bajas o ausencias de actores, principalmente según su presupuesto y la cantidad de roles que haya que cubrir. Las bajas de una función pueden ocurrir en cualquier momento, desde la noche anterior hasta diez minutos antes de empezar o en mitad de la obra. Existen varias figuras que se encargan de ello:

Swing. Una persona que se sabe varios *tracks* y que puede hacer cualquiera de ellos cualquier día, dependiendo de las necesidades de esa función en particular. Normalmente sus *tracks* son del elenco o secundarios, no protagonistas.

Understudy. Una persona que forma parte del elenco regular, sea en un rol secundario o en el *ensemble*, pero que puede hacer uno de los roles protagonistas en caso de que sea necesario.

Standby. Una persona cuyo trabajo es estar disponible en el teatro exclusivamente para reemplazar a un actor principal en caso de que no pueda hacer la función. Como no están en la función de manera habitual y su único trabajo es estar a la espera en el camerino, es un rol que le sale caro a la productora, por lo que solo tienen *standbys* los roles superexigentes que son casi imposibles de hacer ocho veces a la semana, como Elphaba y Glinda en *Wicked*.

Alternate. Una persona que interpreta un papel protagonista en ciertas funciones previamente programadas, en lugar del intérprete titular. Solo lo tienen los papeles extremadamente exigentes, para permitir que el intérprete titular descanse. Suele haber un *alternate* en las producciones en las que el protagonista es una persona muy famosa que sirve de gancho para el público, ya que, si tiene descansos programados, es más probable que no cancele sus otras funciones y el público que ha pagado mucho dinero por verlo no se mosquee. Por ejemplo, Nicole Scherzinger en *Sunset Boulevard* en Broadway tenía una *alternate* (Mandy Gonzalez), además de una *standby* (Rashidra Scott).

CREADORES

Libretista. La persona que se encarga de la dramaturgia: escribe los diálogos hablados y la estructura de la narración.

Letrista. La persona que escribe específicamente los textos que se cantan, tanto las letras de las canciones como cualquier otra intervención cantada.

Compositor. La persona que escribe la música de los números cantados, además de cualquier otra pieza como la obertura, transiciones o música incidental.

Orquestador. Normalmente, los compositores escriben para piano y voz, eligiendo de esta forma elementos clave como las melodías, armonías o ritmo. El orquestador, por su parte, expande esto a una partitura completa de orquesta o banda con todos sus instrumentos. De esta forma, diseña las texturas, al decidir qué instrumento toca qué parte. Por ejemplo, Stephen Sondheim colaboró principalmente con Jonathan Tunick para orquestar sus musicales, como en *Sweeney Todd*, *Into the Woods* o *Company*.

Arreglista. La persona encargada de adaptar, transformar o expandir la música escrita por el compositor, para ajustarla a las necesidades estilísticas, dramáticas o vocales de una producción en concreto. No hace música desde cero ni distribuye la música entre los instrumentos, pero puede tomar decisiones como cambiar una canción de tono por petición de un cantante. Por ejemplo, Lin-Manuel Miranda escribió la música de

Hamilton y posteriormente Alex Lacamoire, como arreglista, transformó esas ideas básicas en los números que conocemos, fusionando diversos estilos. También son una figura muy útil en los *revivals* en los que se hacen versiones muy diferentes de la música, como el *Oklahoma!* que arregló Daniel Kluger en 2019. Para esta versión, se cambió el lenguaje musical del clásico orquestal a uno de folk y country, con una sonoridad más íntima y contemporánea acorde con la idea escénica de la producción.

Director de escena. La persona encargada de concebir la visión global de una puesta en escena y posteriormente llevarla a cabo. Su trabajo abarca la interpretación del texto, la dirección de actores, cómo se usa el espacio escénico, en qué época se sitúa, con qué perspectiva... Es quien decide cómo se cuenta la historia, tomando miles de decisiones en el camino. Colabora estrechamente con todos los departamentos para que todos los elementos confluyan en una misma dirección artística.

Director residente. La persona que se encarga de salvaguardar esta visión de la puesta en escena una vez que han empezado las funciones y el director original ya no está físicamente en el teatro.

Director musical. La persona responsable de todo lo que tiene que ver con la música dentro de una producción. Esto incluye dirigir los ensayos vocales e instrumentales, además de dirigir la orquesta (o banda) durante las funciones. Su misión es que la música esté completamente integrada con lo que sucede en el escenario, además de que sea coherente estilísticamente, de calidad y emocionalmente resonante.

Regidor. La persona encargada de coordinar y supervisar la ejecución técnica de cada función. Su rol comienza en los ensayos, donde registra los movimientos escénicos, las entradas del elenco, los cambios de escenografía y todas las indicaciones de luces, sonido o efectos especiales. Durante la función, es quien «llama» (da la señal para ejecutar) cada uno de estos elementos, para que todo ocurra con precisión y en sincronía con la acción dramática y musical.

AGRADECIMIENTOS

A mis padres, Rafa y Luisa, por apoyarme en todas mis locas ideas y no dudar que puedo hacer lo que me proponga. Os quiero mucho.

A Maki, por ser el pilar más sólido de mi vida desde que tengo memoria. «So much of me is made of what I learned from you».

A Ale, por cuidarme tanto y ser un rayo de luz allá por donde pasa.

A Fran, por ser un árbol milenario de sabiduría mezclado con un tío espectacularmente divertido.

To Justin, for your unflinching belief in me and for being the most thrilling sounding board.

A mis amigas que se leyeron alguno de estos ensayos en su estado primigenio: Marcos, Raquel, Gabi, Clara, Rubén, Pepe... Gracias por vuestros comentarios y por ser personas absolutamente fantásticas. A mis amigas en general, porque no existe gente más talentosa, vibrante e inteligente en el mundo. Bri, Víctor,

Paloma, Adri, Javi, Rodri, Ana, David... tengo muchísima suerte de teneros en mi vida.

A mi psicóloga Lucía, sin cuyas herramientas jamás podría haberme enfrentado a un proyecto de esta magnitud.

A todas las profesoras de inglés que he tenido en mi vida, particularmente Yolanda y Ms. Balay. Gracias a vuestra pasión y lo que me habéis enseñado, me he podido adentrar en este mundillo de una forma tan profunda.

A mi editor Sergi, por su paciencia y dedicación, y a todas las personas que han trabajado para que este libro exista. En la portada solo hay un nombre, pero existe todo un equipo detrás haciéndolo posible.

A todas las personas que se dedican al teatro musical, sea en el escenario o fuera de él. Esta magia la crean personas agotadas que no cobran lo suficiente.

NOTAS

OBERTURA

1. John Hartley, *Communication, Cultural and Media Studies: The Key Concepts* (2.ª ed.), Routledge, 2002.
2. Véase «Glosario» en la pág. 216.
3. Programa teatral que se reparte en Broadway. Con su franja superior amarilla, es un símbolo reconocible del teatro musical.
4. Esta definición es mía.

1. *CAROUSEL*

1. *Book* en este caso se refiere al libreto de la obra, es decir, todos los diálogos hablados y la estructura dramática.
2. Hay otro hito fundacional previo a Rodgers y Hammerstein que es el musical *Show Boat*, estrenado en 1927. Aunque su grado de integración de música y drama fue revolucionario por ser mucho mayor que el de los otros espectáculos de ese momento, sigue habiendo números insertados para el lucimiento o para aportar color y contexto, sin mover la acción.

3. «The Best Of The Century», *TIME*, 31 de diciembre de 1999, disponible en <https://time.com/archive/6737430/the-best-of-the-century/>.

4. La Era Dorada o *Golden Age* de los musicales se refiere al periodo comprendido entre finales de la década de 1940 y principios de la década de 1960. El tono general de estos musicales es alegre, grandioso y esperanzador, claramente marcado por el optimismo posvictoria en la Segunda Guerra Mundial. Algunas de las obras más icónicas de este periodo son *Guys and Dolls* (1950), *My Fair Lady* (1956) o *The Music Man* (1957).

5. Collin Makamson, «Home Alive By '45': Operation Magic Carpet», *The National WWII Museum*, Nueva Orleans, 2 de octubre de 2020, disponible en <https://www.nationalww2museum.org/war/articles/operation-magic-carpet-1945>.

6. Kimmel, M., *Manhood in America: A Cultural History* (2.ª ed.), Oxford University Press, Nueva York, 2005.

7. The Associated Press, «Ex-Boy Bander Talks about Lou Pearlman, Being Gay in Book», *WLBT*, 27 de octubre de 2007, disponible en <https://www.wlbt.com/story/7272348/ex-boy-bander-talks-about-lou-pearlman-being-gay-in-book/>.

8. Sabina Deza Villanueva, «¿Por qué las mujeres permanecen en relaciones de violencia?», *Avances en Psicología*, vol. 20, n.º 1, 15 de junio de 2012, págs. 45-55, disponible en <https://www.unife.edu.pe/publicaciones/revistas/psicologia/2012/sabinadeza.pdf>.

9. La *diégesis* hace referencia al mundo narrativo interno de una obra, sea esta del tipo que sea. La diégesis incluye todos los elementos que existen o suceden dentro de la historia según la percepción de los personajes. Es decir, el tiempo que pasa en el descanso entre el primer y segundo acto quizá es media hora para los espectadores, pero diegéticamente, para los personajes dentro de la historia, ha pasado un año.

10. Cada producción de esta obra puede tener coreografía diferente, pero todas tienen que buscar contar la misma historia, porque es parte de la narrativa. La fantástica coreografía original de Broadway es de Agnes De Mille.

11. Andrés Montero Gómez, «Síndrome de adaptación paradójica a la violencia doméstica. Una propuesta», *Clínica y Salud*, vol. 12, n.º 1, págs. 371-397, 2001, disponible en <https://www.mujeresenred.net/sapvd_montero.pdf>.

12. Véase «Glosario» en la pág. 220.

13. *If I Loved You*, disponible en <https://rodgersandhammerstein.com/song/carousel/if-i-loved-you/>.

2. *WEST SIDE STORY*

1. Se eliminó en ambas versiones cinematográficas, de 1961 y 2021, respectivamente, además de en diversas versiones escenificadas posteriores.

2. Un inmigrante de «segunda generación» es aquel que ha nacido en el país al que sus padres migraron. Un inmigrante de tercera generación es aquel que ha nacido en el mismo país que sus padres, pero no en el mismo que sus abuelos, los cuales migraron.

3. Línea que cantan los hombres en *America* cuando ellas dicen «eres libre de ser lo que quieras [en América]».

4. Hacer *brownface* consiste en utilizar maquillaje para oscurecer la piel de una persona para que parezca *brown*, 'marrón', un término paraguas que en inglés abarca personas latinas, del sur de Asia, Oriente Medio o de ascendencia indígena.

5. Letra revisada de *America* para su adaptación cinematográfica de 1961, dirigida por Robert Wise y Jerome Robbins.

6. He de remarcar, como zarzuelero, que esto, aunque nuevo en el teatro musical, llevaba haciéndose ya muchas décadas en la zarzuela en Latinoamérica, particularmente en Cuba. Por ejemplo, *Cecilia Valdés* (Gonzalo Roig, 1932), se sirve de una orquesta sinfónica europea estándar a la que se agrega percusión específicamente cubana como bongos, güiros o maracas. Además, la escritura instrumental incluye ritmos cubanos como la guaracha, la habanera o la contradanza.

7. Él nunca se describió como tal, lo infiero yo porque la bisexualidad no era tan cotidiana o comprensible como lo es a día de hoy. Estuvo casado y tuvo hijos con una mujer, Felicia Montealegre, a la cual quería y con la cual disfrutaba su vida, aunque le era infiel con diversos hombres.

8. Este tema es demasiado complejo para explicarlo aquí, al no ser el argumento central. Para profundizar un poco más, recomiendo leer el artículo «White Jews: Stop Calling Yourselves 'White-Passing'», es-

crito por la mujer judía negra Nylah Burton en 2018 para el medio de comunicación *Forward*.

9. Alberto Sandoval-Sánchez, *José, Can You See? Latinos on and Off Broadway*, University of Wisconsin Press, 1999.

10. Ibid.

3. *CAMELOT*

1. (Theodore H. White, «For President Kennedy: An Epilogue», en *Life*, 6 de diciembre de 1963, disponible en <https://www.jfkli brary.org/asset-viewer/archives/thwpp-059-009#?image_identifier= THWPP-059-009-p0001>).

2. En Theodore H. White, *In Search of History: A Personal Adventure*, Harper & Row, 1978.

3. Theodore H. White, *In Search of History: A Personal Adventure*, Harper & Row, 1978.

4. La revista vendió siete millones de ejemplares y se calcula que alcanzó a unos treinta millones de lectores en total.

5. En Alan Jay Lerner, *The Street Where I Live*, Norton, 1978.

6. Ted Sorensen, *Kennedy*, Harper & Row, 1965.

7. Un tipo de combate medieval en el que dos caballeros montados a caballo van a toda velocidad el uno contra el otro espada en mano para intentar herir gravemente o matar al contrincante.

8. Alan Jay Lerner, *The Street Where I Live: A Memoir*, Norton, 1978.

9. Según mis cuentas, ya que no existe el dato, esto equivaldría a unas 566.000 entradas, teniendo en cuenta que el precio medio de una entrada en Broadway en 1960 eran 5,3 dólares (57,56 dólares actuales).

10. *A partly enchanted city... never less than a thing of beauty... unfortunately weighed down by the burden of its Book*. Howard Taubman, «Theatre: 'Camelot Partly Enchanted; Lerner-Loewe Musical Opens at Majestic», *The New York Times,* 5 de diciembre de 1960, disponible en <https://www.nytimes.com/1960/12/05/archives/theatre-camelot-partly-enchanted-lernerloewe-musical-opens-at.html>.

11. Richard Watts Jr., en Dan Dietz, *The Complete Book of 1960s Broadway Musical*, Rowman & Littlefield, 2014.

12. Véase en <https://www.goodspeed.org/uploads/Shows/Past Shows/Camelot/CAMELOT_programnotes.pdf>.

13. Una obra de Rodgers y Hammerstein que fue de hecho el primer musical estadounidense que se tradujo e hizo en España. Se estrenó el 25 de enero de 1955 en el teatro de la Zarzuela. No tiene nada que ver pero está bien que lo sepas.

14. Véase en <https://www.worldradiohistory.com/hd2/IDX-Business/Music/Billboard-Index/IDX/1960/Billboard 1960-11-14-OCR-Page-0003.pdf>.

15. En Julie Andrews, *Home: A Memoir of My Early Years*, Grand Central Publishing, 2008.

16. Hubo un *revival* de apenas dos meses en 1981 y el de 2023 duró poco más de tres meses, con grandes alteraciones de la trama —en un intento de hacerla más coherente— hechas por el oscarizado Aaron Sorkin y con un elenco de actores conocidos, incluyendo a Philippa Soo (la Eliza original de *Hamilton*) en el rol de Ginebra.

17. Aunque, como digo, es intraducible, os la explico. «*The birds and bees*» literalmente significa «los pájaros y las abejas», pero en inglés es un eufemismo que se usa para explicar a los niños cómo el sexo sirve para procrear. Por lo tanto, la letra habla de que, en el mes de mayo, todo el mundo se descontrola sexualmente y «los pájaros y las abejas, con todo su vasto pasado amoroso, miran a la raza humana espantados». O sea: que la gente folla tanto en mayo que hasta los responsables de la procreación se espantan.

18. Véase «*Camelot* – Original Broadway Cast Recording 1960», disponible en <https://www.masterworksbroadway.com/music/camelot-original-broadway-cast-recording-1960/>.

4. COMPANY

1. La primera frase de la novela.

2. Tom Wolfe, «The 'Me' Decade and the Third Great Awakening», *New York Magazine*, 23 de agosto de 1976.

3. Lydia Anderson, Chanell Washington, Rose M. Kreider y Thomas Gryn, «Share of One-Person Households More Than Tripled

from 1940 to 2020», *United States Census Bureau*, 8 de junio de 2023, disponible en <https://www.census.gov/library/stories/2023/06/mo re-than-a-quarter-all-households-have-one-person.html>.

4. «1980 Census of Population», Department of Commerce, Bureau of the Census, Nueva York, 1982, disponible en <https://www2.census. gov/prod2/decennial/documents/1980/1980censusofpopu80134unse_ bw.pdf>.

5. Jean Baudrillard, *La Société de consommation*, Éditions Denoël, 1970 (trad. cast.: *La sociedad del consumo*, Siglo XXI, 2009).

6. En castellano suena un poco torpe porque Sondheim es un puto genio intraducible pero hago lo que puedo.

7. En España se publicó en 1976 en la editorial Grijalbo con el título *Matrimonio abierto*. El subtítulo se tradujo como *Un nuevo estilo de vida para parejas*.

8. Stephen Sondheim, *Finishing the Hat: Collected Lyrics (1954-1981)*, Knopf, 2010.

9. Walter Kerr, «'Company': Original and Uncompromising», *The New York Times*, 3 de mayo de 1970, disponible en <https://www. nytimes.com/1970/05/03/archives/company-original-and-uncompro mising-company-is-uncompromising.html>.

5. CATS

1. Yohana Desta, «Cats VFX Editor Confirms the "Butthole Cut" Was Very Real, Very Terrible», *Vanity Fair*, 7 de abril de 2020, disponible en <https://www.vanityfair.com/hollywood/2020/04/cats-but thole-cut-vfx-editor>.

2. Benjamin Disraeli fue el primer ministro de Inglaterra de febrero a diciembre de 1868, y de febrero de 1874 a abril de 1880. William Ewart Gladstone fue primer ministro durante cuatro términos intermitentes, desde diciembre de 1868 a marzo de 1894.

3. «Hal, it's about CATS», vídeo subido a YouTube por Stealing Focus (Emily Clark), disponible en <https://www.youtube.com/wat ch?v=doFcWmt7-J0>.

4. Montar una producción réplica significa que se mantiene la mis-

ma escenografía, mismo vestuario, maquillaje, coreografía, efectos, arreglos de la música, etcétera. Hay alguna excepción, como la producción de 1983 en Viena, la de 1989 en París o la de 2013 en Ciudad de México.

5. No existen datos exactos de la década de 1980, pero, en la temporada 2018-2019 (la última prepandemia), el 65 por ciento del público de Broadway eran turistas; de ellos el 46 por ciento eran nacionales y 19 por ciento, internacionales. Londres tiene unos datos más impresionantes, aunque muy difícilmente corroborables, por lo que tomémonoslos con pinzas. Según un representante del teatro Phoenix, el 24 por ciento de todos los turistas extranjeros en Londres ven una obra en el West End. Teniendo en cuenta que Londres recibe, de media, 20 millones de turistas extranjeros, significaría que 4,8 millones de estos ven musicales (u obras de teatro textuales). Según la Society of London Theatre, en 2022, el West End acogió 16,4 millones de espectadores. Por lo tanto, el 29,27 por ciento eran turistas internacionales.

6. Relacionado con la estética e ideas teatrales del dramaturgo alemán Bertolt Brecht.

6. *Kiss of the Spider Woman*

1. Véase «Glosario» en la pág. 214.

2. Partimos de la base de que todo el texto es cantado y hablado en inglés, salvo pequeñas intervenciones en castellano como *amigo* o *maricón*.

3. Michael Andrew Bennett, «The Broadway Musical in the Age of Mass Incarceration», *Universidad de Washington*, 2024, disponible en <https://digital.lib.washington.edu/server/api/core/bitstreams/41338 6a6-94fe-4ea2-9aee-8edf57dbf2c8/content>.

4. El toreo se exportó a Latinoamérica con el colonialismo, pero sigue siendo un símbolo de España en el imaginario colectivo.

5. Centro de Investigaciones Sociológicas (CIS), *Barómetro de abril 2025. Avance de resultados*, estudio n.º 3505, publicado en abril de 2025, disponible en <https://www.cis.es/documents/d/cis/es3505mar_a>.

6. *Willful ignorance* en inglés. Su primera mención fue en su libro

de 2010 *The Promise of Happiness*, pero lo desarrolló y amplio en su libro de 2014 *Willful Subjects*.

7. John Kander es abiertamente gay, mientras que Fred Ebb nunca explicitó su sexualidad pero hay indicios de que también lo fue.

8. El director del absoluto desastre que es la película *Into the Woods* (2014) y la fantástica *Chicago* (2002).

9. Se refiere a una de las doctrinas filosóficas derivadas de los escritos de Karl Marx y Friedrich Engels.

10. Como nunca había tenido que desarrollarlo fuera de mi cabeza, no sabía si me lo había inventado yo, pero no soy el primero en pensarlo. En 1995, los teóricos especializados en la intersección entre artes escénicas, lo queer y lo latino David Román y Alberto Sandoval publicaron un artículo titulado «Caught in the Web: Latinidad, AIDS, and Allegory in Kiss of the Spider Woman, the Musical» (*American Literature*, vol. 67, n.º 3, 1995, pp. 553-585. *JSTOR*, <https://doi.org/10.2307/2927944>). Aunque me parece muy interesante cómo desarrollan su tesis sobre lo alegórico de la obra, también dicen, de manera completamente no fundamentada, que Manuel Puig murió por complicaciones del sida, cuando murió de un infarto tras sufrir complicaciones por una operación de vesícula. No me parece ni justo ni necesario especular sobre si la causa de la muerte de una persona es diferente a la del relato oficial, así que no puedo recomendar el artículo del todo.

11. El VIH es un virus que ataca al sistema inmunitario, mientras que el sida es la condición clínica que puede desarrollar el virus si no es tratado adecuadamente.

12. Véase en <https://upload.wikimedia.org/wikipedia/commons/d/d0/AIDS_Deaths-US_1987-1997.png>.

13. Los primeros antirretrovirales son de 1987, pero estos primeros fármacos solo retrasaban el desarrollo del virus en sida. Fue en 1996 cuando se introdujo clínicamente el estándar actual.

14. Justin McCarthy, «Fear and Anxiety During the 1980s AIDS Crisis», *Gallup Vault*, 28 de junio de 2019, disponible en <https://news.gallup.com/vault/259643/gallup-vault-fear-anxiety-during-1980s-aids-crisis.aspx>.

15. Office of Infectious Disease and HIV/AIDS Policy, HHS, «EHE Overview: What Is Ending the HIV Epidemic in the U.S.?», 20

de marzo de 2025, disponible en <https://www.hiv.gov/federal-res ponse/ending-the-hiv-epidemic/overview>.

7. WICKED

1. *Precuela* porque sucede antes de los hechos del libro original y *especulativa* porque no fue escrita por el autor original.

2. La primera escena coincide con el final del musical. Tras esta, se vuelve al pasado para explicar cómo han acabado ahí.

3. Doa Ali, «How to Kill an Entire Country», *TNI (Transnational Institute)*, 26 de julio de 2023, disponible en <https://www.tni.org/en/article/how-to-kill-an-entire-country>.

4. Stephanie Savell, «How Death Outlives War», *Watson Institute (Brown University)*, 15 de mayo de 2023, disponible en <https://watson.brown.edu/costsofwar/files/cow/imce/papers/2023/IndirectDeaths.pdf>.

5. Alexandra Pollard, «'Wicked Was Essentially a Love Story between Two Women': How the Once-mocked Musical Became a Global Sensation», *Independent*, 1 de octubre de 2021, disponible en <https://www.the-independent.com/arts-entertainment/theatre-dance/features/wicked-musical-west-end-b1929995.html>.

6. *Wicked: The Grimmerie, a Behind-the-Scenes Look at the Hit Broadway Musical.*

7. Vuelve al capítulo 2, *West Side Story*.

8. Véase «Glosario» en la pág. 220.

9. Dorothy la acabará matando (al menos en *El mago de Oz*) con un cubo de agua que la derrite.

10. Este rumor será utilizado a su favor al final de la obra, ya que en *Wicked* Elphaba no muere. Finge su muerte por su supuesta intolerancia al agua pura que le lanza Dorothy con un cubo y aprovecha para escapar. Es una forma muy interesante de darle la vuelta al final y de humanizar a Elphaba: no es una criatura mitológica alérgica al agua, es una mujer sobre la cual se han construido toda una serie de rumores cada vez más absurdos y dañinos.

11. Véase «Glosario» en la pág. 221.

12. Axel Honneth, *La lucha por el reconocimiento: la gramática moral de los conflictos sociales*, Barcelona, Crítica (1996). Charles Taylor, *Multiculturalismo y «La política del reconocimiento»*, México, FCE (1994).

13. Este término griego se traduce como 'defecto fatal' o 'error trágico'. Propuesto por Aristóteles en su *Poética*, se refiere a la debilidad central de un personaje, la cual le impedirá conseguir sus objetivos. De esta forma, el público puede sentir compasión por los injustos destinos provocados por la *hamartia*, ya que siempre son cualidades humanas universales que todos poseemos.

8. *WAITRESS*

1. La canción más famosa del musical.

2. Lee Seymour, «Over the Last 20 Years, Broadway's 'Lion King' Has Made More Money For Disney Than "Star Wars"», *Forbes*, 18 de diciembre de 2017, disponible en <https://www.forbes.com/sites/leeseymour/2017/12/18/the-lion-king-is-making-more-money-for-disney-than-star-wars/>.

3. Un musical suele tener entre veinte y treinta funciones previas, de tres a cinco semanas, en las cuales se perfilan todos los elementos para llegar al estreno con la obra montada en su versión definitiva.

4. Evidentemente, se siguieron estrenando megamusicales en la década de 2010 (sobre todo de Disney, como *Aladdin* o *Frozen*) porque la historia no son bloques tajantes y un cambio de década no activa un interruptor cultural que deje un lienzo en blanco, pero se observan tendencias diferentes.

5. Nathan Skethway, «Everything Changes: Examining the Legacy of Broadway's *Waitress* with 7 Jennas», *Playbill*, 3 de enero de 2020, disponible en <https://playbill.com/article/everything-changes-examining-the-legacy-of-broadways-waitress-with-7-jennas>.

6. Sloane Crosley, «Inside the Making of *Waitress*, the First Broadway Musical with an All-Female Creative Team», *Vanity Fair*, 15 de abril de 2016, disponible en <https://www.vanityfair.com/culture/2016/04/waitress-broadway-musical?srsltid=AfmBOorA0rLNysElkM-WNMx_tLvkmahXo7Rk9APH8QBoPLOhXVtFLpVh>.

7. Michelle Ruiz, «*Waitress* Star Jessie Mueller on Pie, Sex and Sara Bareilles», *Vogue*, 25 de abril de 2016, disponible en <https://www.vogue.com/article/jessie-mueller-waitress-on-broadway-interview>.

8. Doctora Martha M. Lauzen, «The Celluloid Ceiling», *Center for the Study of Women in Television and Film*, 2008, disponible en <https://womenintvfilm.sdsu.edu/files/Celluloid Ceiling 2007 Full Report.pdf>.

9. No se ha publicado en castellano, pero su traducción sería algo como «Divididos por un lenguaje común: teatro musical y estudios de música popular». Jake Johnson, Masi Asare, Amy Coddington *et al.*, «Divided by a Common Language: Musical Theater and Popular Music Studies», *Journal of Popular Music Studies*, 31 (4), 1 de diciembre de 2019, disponible en <https://www.scholars.northwestern.edu/en/publications/divided-by-a-common-language-musical-theater-and-popular-music-st?utm_source=chatgpt.com>.

10. «"There's A Lot That's Being Re-Examined"; Sara Bareilles on Waitress Changes, Her New Album and Life after Broadway», *Playbill*, 10 de octubre de 2015, disponible en <https://playbill.com/article/theres-a-lot-thats-being-re-examined-sara-bareilles-on-waitress-changes-her-new-album-and-life-after-broadway-com-366014>.

11. Esther Zuckerman, «Sara Bareilles Talks about the "Empowering" Act of Writing her Memoir», *Refinery, 29*, 6 de octubre de 2015, disponible en <https://www.refinery29.com/en-us/2015/10/95230/sara-bareilles-book-waitress-musical-interview>.

12. Técnicamente hace *pies*, cuya traducción sería 'tartas' o 'pasteles', aunque es un postre estadounidense más concreto. Un *pie* suele contener una base (y a veces una cubierta) de masa, rellena de frutas o cremas y horneado. Se pueden hacer saladas también y ser servidas como plato principal. Imagínate la estereotípica tarta de manzana de las películas estadounidenses con una cuadrícula de masa por encima: eso es un *pie*.

13. Véase «Glosario» en la pág. 220.

14. El movimiento de «positividad sexual» busca desestigmatizar el sexo y enfatizar que es una parte natural y sana de la experiencia humana. Pretende que se hable más abiertamente de sexo y que se respeten las expresiones e identidades sexuales en toda su diversidad.

15. Lauren Berlant, *The Female Complaint: The Unfinished Business of Sentimentality in American Culture*, Duke University Press, 2008.

9. *UNA LLUM TÍMIDA*

1. *Family Pictures: Maus, Mourning, and Post-Memory.* Aunque no se ha publicado en castellano, se traduciría como «*Fotos familiares: Maus, duelo y posmemoria*».

2. Compartimos apellido pero no somos familia... por si había alguna duda.

3. «Interior cifra en cuatro las medallas que incrementan la pensión de Billy el Niño y estudia cómo quitárselas», *RTVE.es*, 26 de junio de 2018, disponible en <https://www.rtve.es/noticias/20180626/interior-cifra-cuatro-medallas-incrementan-pension-billy-nino-estudia-modificar-ley-para-quitarselas/1756320.shtml>.

4. Aunque llamados igual que los alemanes, los campos de concentración franquistas no tenían exactamente el mismo objetivo: no estaban pensados para el exterminio masivo. Eran instrumentos crueles de represión y castigo, en los que sí hubo torturas y ejecuciones, pero las muertes de los prisioneros solían estar causadas más por las condiciones infrahumanas como el hacinamiento, la tortura, el hambre o las enfermedades. Para más información sobre el tema, consulta *Los campos de concentración de Franco*, de Carlos Hernández de Miguel (2019).

5. Aunque ser homosexual no estaba tipificado explícitamente como un delito, sí existían leyes represivas diseñadas para controlar y castigar las conductas consideradas «peligrosas para la moral» y el «orden público», que desde 1954 incluían específicamente la homosexualidad. Aun así, se ha de decir que principalmente se centraba en los hombres gays y no en las mujeres.

6. Sabra L. Katz-Wise *et al.*, «Endorsement and Timing of Sexual Orientation Developmental Milestones among Sexual Minority Young Adults in the Growing up Today Study», *The Journal of Sex Research*, vol. 54, n.º 2, febrero de 2017, págs. 172-185, disponible en <https://www.jstor.org/stable/26157905>.

7. Este término engloba a las mujeres que experimentan atracción por otras mujeres, sean exclusivamente (lesbianas) o no (bisexuales, queers...).

8. Cuando la obra se ha llevado fuera de zonas catalanohablantes, como Madrid, se ha traducido el texto casi íntegro al castellano, tanto libreto como letras, presentándose como *Una luz tímida*. Se dejaron algunas frases en catalán para momentos clave. En este ensayo me estoy centrando en la versión original, con sus peculiaridades lingüísticas.

9. La *diglosia* se refiere a una situación en la que una comunidad de hablantes utiliza dos lenguas diferentes a la vez pero en ámbitos y para funciones sociales distintas. Se usa especialmente para definir las situaciones en las que una de las dos lenguas posee prestigio y privilegios superiores a la otra, en este caso, el castellano sobre el catalán.

10. Víctor Moreno, «Las derechas y la lengua catalana», *Nueva Tribuna*, 20 de diciembre de 2021, disponible en <https://www.nuevatribuna.es/articulo/cultura---ocio/derechas-lengua-catalana-pablo-casado-generalitat/20211219100700193657.html>.

11. *Boletín Oficial del Estado*, n.º 24, 19 de enero de 1945, pág. 737, disponible en <https://www.boe.es/datos/pdfs/BOE//1945/024/A00737-00737.pdf>.

12. Implícitamente está en toda la obra: en espacios públicos hablan en castellano y en privado, en catalán. Las canciones que son expresiones de los pensamientos de los personajes y no una conversación están en catalán. Las dos grandes confrontaciones que tienen, *Al oído* y *Soledad sonora*, se cantan en castellano.

13. Véase en <https://www.verkami.com/projects/28377-gravacio-cd-una-llum-timida>.

14. Aunque no se ha publicado en castellano, su título se podría traducir como «Agrupaciones de fans de las mujeres *queer*: nuevas perspectivas globales». J. J. Zhao y Eve Ng, «Queer Women's Fandoms: New Global Perspectives», *Popular Communication*, vol. 23, n.º 1, 2025, págs. 1-9. <https://www.tandfonline.com/doi/full/10.1080/15405702.2025.2477054>.

15. Hanmer, Rosalind Maria (2011), *Understanding Lesbian Fandom: A Case Study of the «Xena: Warrior Princess» (XSTT) Lesbian Internet Fans*. Universidad de Birmingham. Tesis doctoral. <https://

etheses.bham.ac.uk/id/eprint/1536/>. En castellano se podría traducir como: «Comprendiendo los grupos de fans lésbicos: un estudio de caso de las fans lesbianas de internet de *Xena: la princesa guerrera*».

16. Raquel (Lucas) Platero Méndez, «Hablando del 'cuerpo del delito': la represión franquista y la masculinidad femenina», Actas del I Congreso Internacional de Cultura y Género, 11-13 de noviembre de 2009, disponible en <https://www.feministas.org/IMG/pdf/Mesa_memoria_franquismo-_R-platero.pdf>.

ACERCA DEL AUTOR

Javi Alonso es un divulgador cultural especializado en teatro musical, ópera y zarzuela. Su primer libro, *Cantar la historia*, propone una lectura original y comprometida de los grandes musicales de Broadway (y más allá) en la que explora cómo estos espectáculos reflejan cuestiones de raza, género, poder o deseo propias tanto del momento del estreno como de la sociedad contemporánea.

Le ponemos punto final a esta edición de *Cantar la historia* en noviembre de 2025, en Barcelona, con la firme intención de seguir difundiendo el pensamiento.

Descubre el resto del catálogo de Paidós en el siguiente enlace.

Síguenos en redes sociales para estar al día
de todas nuestras novedades.

◉ @edicionespaidos
𝕏 @EdicionesPaidos

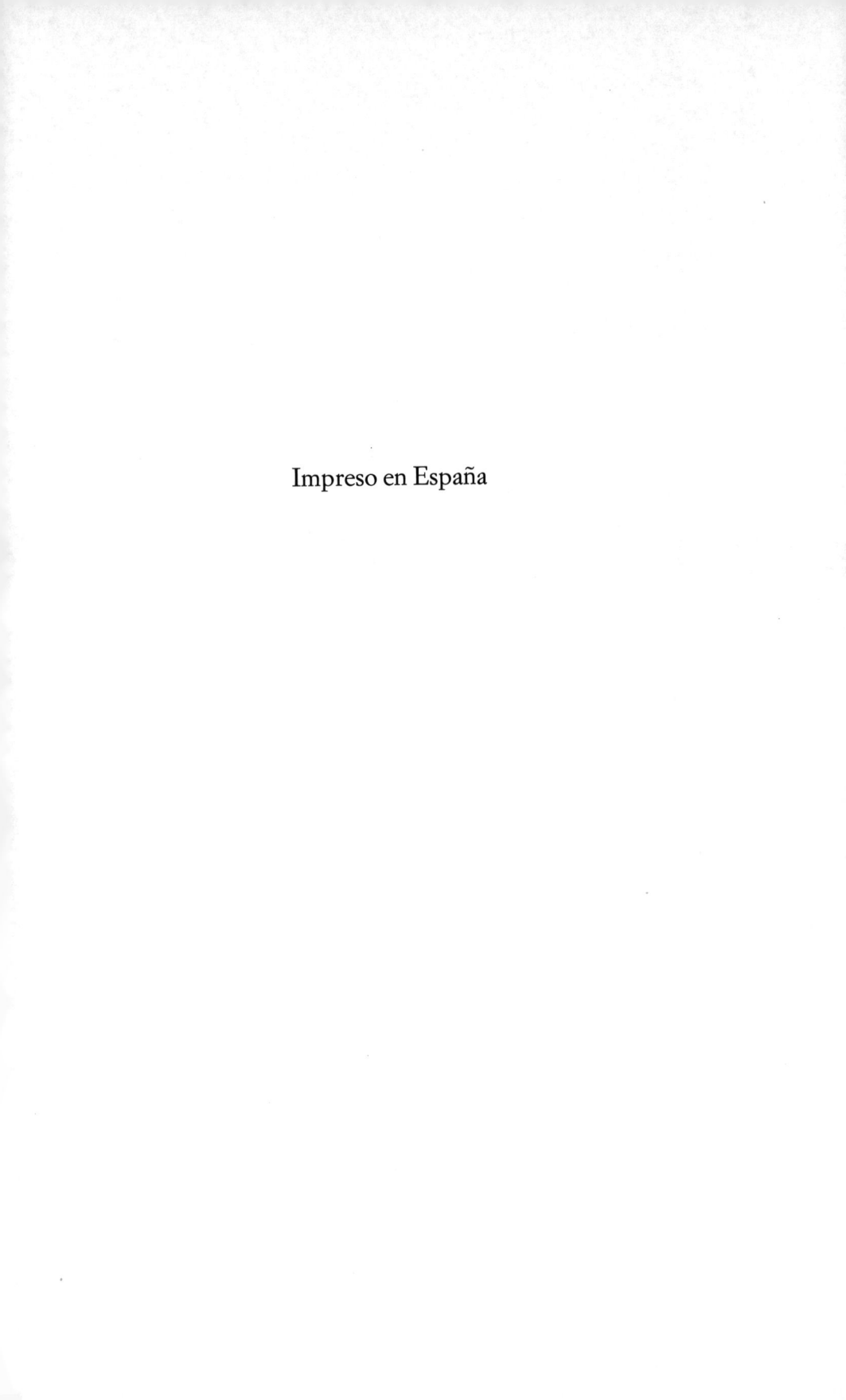

Impreso en España